¡Ya Lo Tienes!

Así Que Deja de Tratar de Obtenerlo

Por
Andrew Wommack

A menos que se indique lo contrario, todas las citas bíblicas fueron tomadas de la versión de la Biblia, *Reina Valera*, 1960.

Título en inglés: ***You've Already Got It!***
So Quit Trying to Get It

ISBN 13: 978-1-60683-411-4
Copyright © 2009 por Andrew Wommack Ministries, Inc.
P.O. Box 3333
Colorado Springs, CO 80934-3333

Traducido por Lidia Palacios Olivares y Citlalli Macy
Edición en Español Copyright 2009

Contents

Introducción

Como el perro de la portada, la mayoría de los Cristianos se pasan la vida buscando algo que ya tienen. Siempre están pidiéndole al Señor que haga algo, que los bendiga, que los sane, que los libere o que les dé prosperidad, pero, a decir verdad, están buscando algo que ya tienen. Creen que Dios puede *hacer* cualquier cosa, pero no que Él ya les dio (tiempo pasado) mucho.

Sin embargo, el libro de Efesios fue escrito a partir de una perspectiva totalmente distinta: Todo ha sido cumplido por Cristo y dado a los creyentes nacidos de nuevo. En ambos casos, ¡ya fue hecho y lo tenemos!

Un Cristiano victorioso no está buscando la victoria sino que la ya lograda la refuerza con la muerte, sepultura y resurrección de Jesucristo. No estamos tratando de ganar una batalla. ¡Venimos de una batalla ya ganada! Jesús ha vencido y nosotros hacemos cumplir su conquista (Ro. 8:37).

Como creyentes, no estamos tratando de obtener alguna cosa de parte de Dios; estamos peleando por recibir la manifestación total de lo que ya tenemos en Cristo. No tratamos de ser sanados; estamos peleando porque ya hemos sido sanados; el diablo está tratando de robarnos la sanidad. No le rogamos a Dios que nos dé prosperidad económica; estamos peleando la buena batalla de fe para tener la prosperidad que nos fue dada y así manifestarla. No le estamos pidiendo a Dios que nos bendiga, porque Él ya ha ordenado Sus bendiciones sobre nosotros. Al creer que ya las tenemos, hablando y actuando como si ya lo tuviéramos—nos apropiamos de lo que el Señor nos ha dado.

¡Ya fue Hecho!

Al comprender que Dios ya te ha bendecido, te ha sanado y te ha dado prosperidad, esto remueve la mentalidad legalista. No vas a querer luchar más contra sentimientos de condenación e indignidad, porque reconocerás que todo ya te fue dado; de hecho, mucho antes de que tú nacieras. Y como es un regalo (no se basa en tu comportamiento), tu dignidad o falta de ella no tiene nada que ver con esto.

¿Cómo puedes dudar que Dios te dará algo que sabes que Él ya te dio? ¡No puedes! El saber que Él ya lo hizo elimina toda duda. Ya no orarás: "Oh Dios, yo sé que Tú puedes, pero, por favor ¿lo harás por mí?" Sabrás que ya fue hecho. La pregunta es: ¿Lo recibirás?

Si entiendes y aceptas estas verdades, ya no podrás operar en lo que llamamos "Cristianismo" hoy en día. La declaración de que "Dios *puede* sanarte, bendecirte, liberarte y darte prosperidad" suena bien en la superficie pero sólo es una promesa de lo que *podría* suceder. La Palabra declara: "Dios ya te sanó, te bendijo, te liberó y te dio prosperidad." ¿Puedes ver la diferencia?

Disfruta la Provisión de Dios

Este libro contiene las verdades que necesitas conocer para empezar a experimentar una mayor manifestación del poder de Dios en tu vida. Tu fe será vivificada, tu corazón animado y tus pies firmemente colocados en Su senda victoriosa.

Deja de perseguir como el perro a su cola y empieza a disfrutar la ¡abundante provisión de Dios!

CAPÍTULO 1

¿Qué tan Desesperado Estás?

E n una ocasión, mientras predicaba en una iglesia, me di cuenta cómo el pastor y su congregación entonaban sinceramente canciones respecto a lo muy "desesperados" que estaban por Dios. No me malinterpreten. A mí me gustan estas melodías y su mensaje en general. Sin embargo, prefiero cantar "estoy enamorado de Ti" en vez de "estoy desesperado por Ti."

Desesperado viene del latín que significa "desesperar." Revisemos esta definición del diccionario:
1. Que ha perdido la esperanza.

Cuando cantas: "Señor, estoy desesperado por Ti," ¿a qué te refieres? ¿Estás diciendo? "Señor, estoy enamorado de Ti y te quiero a Ti más que a nadie". Si es así, está bien. Pero, de acuerdo al diccionario, realmente estás diciendo: "Estoy desesperado debido a esta situación extremadamente insoportable. No hay asidero para la esperanza, pero de todas maneras estoy contraatacando ansiosa, atrevida y violentamente." Si esto entiendes por estar "desesperado por el Señor," ¡estás absolutamente equivocado!

¿Hambriento?

La única razón por la que un Cristiano está desesperado es porque no ha entendido lo que Dios ya hizo. ¡El Señor ya nos bendijo, ya nos sanó, ya nos liberó y nos dio prosperidad! Él nos ama y nada podrá cambiar eso. La única razón para vivir sin esperanza, desvalido y desesperado, es porque no sabemos quiénes somos y lo que poseemos en Cristo.

Necesitamos una revelación total de lo que Jesús ha hecho por nosotros. Eso no significa que nunca tendremos problemas. Pero, en medio de ellos podemos decir: "Padre, Tú ya me has dado esto antes de que yo lo necesitara. Sé que está ahí, me acerco a Ti. ¡Gracias por revelármelo!" Los Cristianos nunca deberían vivir sin esperanza ni con desesperación.

Cuando cantas: "Tengo hambre de Ti, Dios," ¿Qué quieres decir? Si estás expresando deseo, está bien: "¡Dios, te amo y te quiero a Ti más que a nadie!" No obstante, un vistazo a la definición de *hambre* revela: "Deseo intenso de algo. Tener o padecer mucha penuria" (Diccionario El Pequeño Larousse 2008).

Mucha gente canta: "Dios, estoy desesperado y hambriento por Ti" y quiere decir: "Soy tan miserable. La vida es terrible, pero estoy buscándote. Tú eres mi respuesta y creo que allá—en algún lugar—Tú vas ha hacer algo para satisfacer mis necesidades." ¡Esto es completamente opuesto a la revelación de La Palabra de Dios!

"¿Qué es lo que está Mal con este Cuadro?"

Cierta iglesia acababa de cantar canciones acerca de cuán "desesperados" y "hambrientos" se sentían. "¡Oh Dios, necesitamos que actúes! Tócanos. ¡Por favor, Señor, haz algo nuevo!" Me levanté para predicar y pregunté: "¿Cuántos de ustedes están hambrientos de Dios?" "¿Qué tan desesperados se sienten por Él?" Todos asintieron aplaudiendo ruidosamente emocionados.

A continuación, dije: "Juan 6:35 declara: 'Jesús les dijo: Yo soy el pan de vida; el que viene a Mí, nunca tendrá hambre; y el que en Mí cree, no tendrá sed jamás.'"

Les pregunté: "¿Qué es lo que está mal con este cuadro? Todos ustedes acaban de ponerse de pie y reconocieron que están hambrientos y sedientos por Él. Sin embargo esto dice que nunca jamás tendrás hambre o sed. Jesús le dijo a la mujer en el pozo lo mismo: 'Mas el que bebiere del agua que yo le daré, no tendrá sed jamás; sino que el agua que yo le daré será en él una fuente de agua que salte para vida eterna'" (Jn 4:14). Inmediatamente se quedaron tan callados que podía haberse escuchado caer un alfiler.

Ahora bien, no mal interpretes lo que te estoy diciendo. Yo utilizo el término "tener hambre de Dios" dando a entender que tienes un profundo anhelo de Él. Mi buen amigo, Bob Nichols, dice: "mientras puedas vivir sin más de Dios, lo harás." Y, "mientras puedas vivir sin más salud, lo harás." Puedes agregar una cantidad de cosas diferentes como paz, gozo, prosperidad, etc. Pero el asunto es: debes tener hambre por un deseo y un enfoque fuertes hacia las cosas de Dios para poderlas vivir.

El Señor no vendrá a aquellos que pasivamente lo buscan. Debemos seguirlo con todo nuestro corazón.

Porque yo sé los pensamientos que tengo acerca de vosotros, dice Jehová, pensamientos de paz, y no de mal, para daros el fin que esperáis...y me buscaréis y me hallaréis, porque me buscaréis de todo vuestro corazón (Jer. 29:11,13).

Esta clase de hambre es santa.

Pero si por "hambre" quieres decir: "Oh Señor, estoy tan vacío. No tengo gozo, ni paz, ni esperanza. Dios, ¿dónde estás?" Esto no es correcto y esto no es fe. Esto es lo que hoy se ha proclamado y mostrado en el Cuerpo de Cristo como una experiencia "normal"; es como cuando una persona está sentada frente a un banquete. Todo lo que pudiera querer está ahí, pero sigue llorando: "¡Estoy tan hambriento!" Sólo quiere que le tengan lástima o que alguien le ponga la comida en la boca. Personalmente, no tengo simpatía por alguien que está sentado frente a tal banquete y llora por lo "desesperado" que está. Si estás hambriento, ¡come!

Extráelo de tu Pozo

Dios ya nos ha dado todo. Hay un pozo de agua dadora de vida dentro de cada creyente. No es la culpa del Señor si nosotros estamos hambrientos y sedientos. No es tiempo de pedirle que venga y nos toque. ¡Es tiempo para que nosotros comencemos a tomar, comer y beber de lo que Él ya nos ha dado!

No estoy diciendo que un Cristiano nunca tenga problemas o desánimo o que seamos siempre perfectos y que neguemos la realidad. Los creyentes experimentamos hambre en el sentido de sentirnos vacíos y que Dios parece estar a millones de kilómetros de distancia. Pero, cuando experimentas esto, está mal acercarse a Él diciendo: "Oh Señor, no siento tu amor. Por favor, ámame.¡Haz algo para demostrarme que te preocupas por mí!;" Es como si hubieras dicho: "Dios, Tú no has hecho nada," porque lo estas culpando de tus sentimientos de vacío y de hambre.

A través de la revelación contenida en este libro, he aprendido que Dios me ama infinitamente más de lo que jamás pueda comprender o necesitar. Él no puede amarme más o darme más amor de lo que ya tengo. ¡Saber esto, me ha librado de depresión y de desánimo, por más de treinta y seis años!

Hubo momentos cuando estos sentimientos me tentaron. He vivido sucesos y me han ocurrido cosas terribles, como a cualquiera. Hasta he tenido pensamientos como: "*Hombre, sólo súbete a tu camioneta y conduce. ¡Nunca más regreses! ¡Ya no puedes soportar más. Sólo huye!*" Aunque he tenido estos pensamientos, no cedo ante ellos, porque también tengo la revelación de que Dios me ama y me ha provisto de todo lo que necesito.

Así que, en vez de ceder a los sentimientos de vacío, al desánimo y a la desesperación, recuerdo La Palabra de Dios. Nunca digo: "Señor, así es esto. Ahora debes hacer algo nuevo para tocarme. Estoy buscando algo más de Ti". Esto sería un insulto contra lo que Él ya hizo. En cambio, oro: "Padre, esto está absolutamente mal. Juan 6:35 dice que yo nunca tendré hambre o sed jamás. Sé que dentro de mí hay mucho amor, mucho gozo y mucha paz— todos los frutos del Espíritu (Gá. 5:22-23). Todo lo que necesito esta allí. Así, Padre, sé que Tú ya has hecho tu parte. No es Tu culpa si he sido tentado por la depresión, el desánimo, para rendirme y renunciar. Es mi culpa. No me estoy enfocando en Ti. He permitido que mis ojos se aparten de Ti y los he puesto en los problemas de este mundo". Me apartaré y pasaré un día o más ayunando, orando y buscando a Dios. Lo que estoy haciendo es usufructuar lo que el Señor ya ha puesto en mí. En vez de pedirle que me dé algo nuevo, estoy sacando la vida que Él ya me dio.

Por esto puedo decirte verdaderamente que no me he sentido deprimido por más de treinta y seis años. He sido tentado por la depresión. He tenido sentimientos de depresión. Pero en diez o en quince minutos decido que no quiero sentirla y me niego a tenerla. Dios me ha dado tal gozo en mi interior que puedo decidir gozarme en todo tiempo (Fil. 4:4).

¡Pasivo, No!

La Palabra dice: "Bendeciré a Jehová en todo tiempo; Su alabanza estará de continuo en mi boca" (Sal. 34:1).

No te está diciendo que "finjas hasta que lo logres". Más bien, esto nos dice que debemos obtener lo que está dentro de nosotros.

Conforme he extraído el gozo que Dios ya depositó en mi espíritu nacido de nuevo, he vivido una vida totalmente victoriosa. En medio de la mayor adversidad, he experimentado un gozo y una paz continuos; y no es porque no haya sido tentado con lo otro, pero sé, en mi corazón, que Dios ya ha hecho Su parte.

No he sido pasivo y he dicho: "Dios, estoy esperándote a Ti." Mucha gente hace eso y languidece mientras esperan por una epifanía. Cantan: "¡Estoy tan desesperado y hambriento! Oh Dios, ¿dónde estás? Soy sólo un pobre peregrino en el camino, y aquí se es tan miserable". En cambio, oro: "Padre, sé que esto no está bien. Esto no es lo que ya hiciste. Tu Palabra me muestra que Tú ya me has bendecido. ¡Te alabo por lo que ya has hecho!" Empiezo a enfocarme en el Señor y en Su Palabra y extraigo Su vida abundante que está dentro de mí.

Por esto en más de treinta y seis años no he tenido desánimo o depresión que haya durado más que sólo un rato. Simplemente me rehusó a ceder a eso o a dejar que afecte mi vida. ¡Esto es maravilloso!

Mucha gente anhela estos mismos resultados, pero generalmente piensa que la manera de lograrlos es pedirle pasivamente a Dios que haga algo y luego sentarse y esperar. Si las cosas no cambian y la victoria —la sanidad, la prosperidad, las bendiciones, la liberación —no vienen instantáneamente, se enojan con el Señor, preguntándole: "Dios, ¿por qué no estás haciendo algo?" Así no debe ser.

El Señor ya ha hecho todo; sin embargo, si tú no lo estás viendo manifestarse, no es que Dios no te lo haya dado —¡eres tú quien no lo ha recibido! Ven conmigo para llevarte en un viaje que te enseñará cómo recibir lo que Dios ya hizo por ti.

CAPÍTULO 2

Revisa tu Receptor

E fesios fue escrito desde la perspectiva de lo que ya ocurrió. El comentario inicial de Pablo en esta carta fue:

"Pablo, apóstol de Jesucristo por la voluntad de Dios, a los santos y fieles en Cristo Jesús que están en Efeso: Gracia y paz a vosotros, de Dios nuestro Padre y del Señor Jesucristo. Bendito sea el Dios y Padre de nuestro Señor Jesucristo, que nos bendijo con toda bendición espiritual en los lugares celestiales en Cristo."

Efesios 1:1-3, énfasis mío.

Nota la terminología: "Bendito sea Dios que nos bendijo —tiempo pasado, ya fue hecho—con toda bendición espiritual."

Algunas personas discuten: "Bien, esto sólo se refiere a las cosas espirituales, en un reino etéreo, no en una forma personal y práctica. Sólo es en los lugares celestiales en donde hemos sido bendecidos". Realmente, "toda bendición espiritual en los lugares celestiales en Cristo" sólo es una forma de decir en español antiguo la verdad: Dios ya nos bendijo con todo—y esto ocurre en el mundo espiritual.

9

Todo lo que Dios ha hecho por ti ya fue depositado en tu espíritu. Aunque ya está ahí, tú tienes que extraerlo de tu espíritu y traerlo al mundo físico.

Si Dios ya te bendijo, como Efesios 1:3 claramente revela, entonces ¿por qué le sigues pidiendo a Dios que te bendiga? "¡Por favor, Andrew! Es sólo semántica". No, esto es un problema. La razón por la que sigues orando, pidiendo y buscando la bendición de Dios es porque no crees que realmente ya has sido bendecido.

Silencio

Mientras predico, frecuentemente camino y le doy mi Biblia a alguien de la fila de enfrente. Después le pregunto a la gente: "¿Qué creen que haré si la persona que tiene mi Biblia viene y me pregunta: 'Por favor, me prestas tu Biblia?'" ¿Cómo responderías si alguien te pide algo que sabes que ya se lo diste? Personalmente, no sabría cómo responder, posiblemente sólo lo miraría y pensaría: Ya lo tienes— entonces ¿por qué lo estás pidiendo? ¿Qué se supone que debo hacer que no haya hecho?

Si le pides a alguien algo que ya sabe que tú ya tienes, ¿cómo te respondería? Probablemente con un silencio embarazoso. Esto es similar a la manera en que Dios frecuentemente nos responde.

Tú oras: "¡Oh Dios, por favor sana mi cuerpo!" Pero no oyes nada, así que te preguntas: "¿Señor, qué es lo que sucede? ¿Por qué no has contestado mi oración?" Probablemente Dios en el cielo se está rascando Su cabeza pensando: "Espera un minuto. ¿No dice en 1 Pedro 2:24 que por mis llagas fuiste (tiempo pasado) sanado? ¡Ya fue hecho! Ya deposité en ti el mismo poder que resucitó a Cristo de entre los muertos (Ef. 1:19-21)". Si Dios pudiera confundirse, creo que Él estaría diciendo: "Sé que Yo ya les di esto, pero aquí están nuevamente pidiéndomelo". ¡Ésta no es la manera adecuada de acercarse a Dios!

También hacemos otras oraciones tontas, como: "Dios, te pedimos que vengas y estés con nosotros hoy en nuestro servicio de la iglesia. ¡Oh Señor, reúnete con nosotros!" La Palabra simplemente dice: "No te desampararé, ni te dejaré" (He. 13:5) y "Porque donde están dos o tres congregados en mi nombre, allí estoy yo en medio de ellos" (Mt. 18:20). Dios siempre está con nosotros, pero aun así oramos. "Oh Señor, ven y quédate con nosotros" "Señor, acompáñanos después de que salgamos de este lugar". ¿Cómo va Dios a responder oraciones como éstas? ¿Sabes lo que estamos haciendo? Estamos permitiendo que nuestros sentidos nos dominen. Puesto que no lo vemos o no sentimos nada y el Espíritu no se ha manifestado aún, le pedimos a Dios que venga cuando La Palabra dice que Él ya esta aquí.

Empezar a Recibir

Una manera apropiada de orar es: "Padre, Tu Palabra nos promete que nunca nos abandonarás ni desampararás y que cuando dos o tres personas estén reunidos en Tu nombre, habrá una presencia especial del Espíritu Santo; Padre, te damos gracias porque Tú estás aquí. Creemos y queremos tal manifestación. No queremos que solamente estés en el mundo espiritual. Queremos entregarnos a Ti al grado de que puedas manifestarte en sanidades, liberación, gozo, paz, salvación y en el bautismo del Espíritu Santo. Queremos que te sientas libre para manifestarte y que hagas lo que quieras hacer." Ésta es una forma apropiada de orar porque lo estás haciendo de acuerdo con La Palabra de Dios. Estás diciendo: "Creemos en Tus promesas, y queremos que se manifiesten. Deseamos que vengas desde el mundo espiritual hasta una manifestación física".

Orar: "Oh Dios, ven y quédate con nosotros," no es correcto. Significa que no crees que Dios está ahí sino hasta que puedas verlo o sentirlo. Entonces, cuando alguien empieza a gritar: "Siento al Espíritu Santo," dices: "¡Dios está aquí!" No es que se acabe de aparecer. Él estuvo ahí todo el tiempo. Tú eres el que acaba de empezar a recibir.

Donde quiera que estés, en este instante existen señales de televisión que te rodean. No importa si estás en tu casa, en el carro, en el trabajo, en el camión, o sentado bajo un árbol en alguna otra parte, las señales de televisión están ahí. El que tú no las puedas percibir con tus cinco sentidos no significa que no estén presentes. Incluso en el mundo físico, un incrédulo— alguien con nada de fe—puede probar que ahí están las señales de televisión que te rodean. ¡Todo lo que tiene que hacer es colocar la televisión, enchufarla, prenderla y sintonizarla!

Cuando viste por primera vez la señal en la pantalla no fue cuando el canal de televisión empezó la transmisión. Las señales estaban ahí antes de prender la televisión. Cuando la prendiste y la sintonizaste fue cuando empezaste a recibir, pero no fue cuando la estación de televisión inició su transmisión.

¿Que harías si de repente la pantalla se quedara en blanco? ¿Llamarías a la estación y les pedirías que empezaran la transmisión de nuevo? ¡No! Revisarías tu receptor cambiando de canal. Si los otros canales estuvieran transmitiendo, excepto ese, entonces pensarías: "Es la estación, no la transmisión." Tal vez tengan problemas con su emisor. Pero si tu televisión se quedara totalmente en blanco y ningún canal apareciera, no llamarías a la estación. Sabrías: *¡Mi receptor es el problema!* Debido a que en el 99 por ciento de las ocasiones el problema es tu receptor y no la transmisión de la estación, lo primero que tienes que hacer es revisar tu receptor.

Ora con Fe

Dios es el único que tiene el transmisor. Él es el dador de todas las bendiciones terrenales y espirituales (Ef. 1:3) y Él ya te las transmitió. Todo proviene de Dios, pero Él ya las transmitió. Si tú no las estás manifestando en tu vida, el problema no es el transmisor de Dios. ¡Necesitas arreglar tu receptor!

No obstante, cuando la mayoría de los Cristianos no sienten alegría, van con el Señor y le preguntan: "Oh Dios, ¿dónde está mi gozo? ¿Qué está mal? ¡Restaura el gozo de mi salvación!" ¿Has cantado esa canción? El ritmo es muy bueno, pero las palabras realmente fueron tomadas de una cita bíblica del Antiguo Testamento.

"Crea en mí, oh Dios, un corazón limpio, y renueva un espíritu recto dentro de mí. No me eches de delante de Ti, y no quites de mí tu Santo Espíritu. Vuélveme el gozo de tu salvación, y espíritu noble me sustente" (Salmos 51:10-12).

David oró en arrepentimiento por su pecado con Betsabé.

Sin embargo, para un creyente del Nuevo Testamento decir: "Oh Dios, no me eches de delante de Ti. Por favor, ¡no me dejes!," es un insulto a lo que Jesús vino a hacer. David no tenía un pacto que le ofreciera que Dios estaría con él en cualquier ocasión. El Antiguo Pacto estaba basado en su comportamiento, así que Dios iba y venía. Los pueblos del Antiguo Testamento no habían nacido de nuevo. No habían sido redimidos eternamente en la manera como se dice en el Nuevo Pacto (He. 9:12, 14). Sin embargo, Jesús prometió: "No te desampararé, ni te dejaré" (He. 13:5), "he aquí yo estoy con vosotros todos los días, hasta el fin del mundo" (Mt. 28:20). Si ya naciste de nuevo y no sientes la presencia de Dios, el hacer esta oración que David dijo: "No me eches de delante de ti, y no quites de mí tu Santo Espíritu," significa que no entiendes los beneficios que tienes en tu pacto. ¡Tienes incredulidad—al no creer en el Nuevo Pacto!

En vez de orar sin fe y luego preguntarte por qué no estás viendo mejores resultados, ¡necesitas orar con fe! Es la oración de fe la que sanará al enfermo (Stg 5:15). Es la oración de fe la que te traerá liberación y gozo.

Decir: "Padre, no siento que Tú estés aquí. No hay una indicación tangible de Tu presencia ahora en mi vida. Todo se derrumba. Pero, Padre, Tu Palabra dice que nunca me dejarás, ni desampararás, yo sé que Tú estás aquí. Cualquier razón que esté causando estos problemas en mi vida, no eres Tú. Yo sé que nunca me has desamparado. Ahora te pido que me ayudes a ver lo que he hecho que me ha apartado de Ti. Conforme te busco, por favor, ayúdame a encontrar el camino y sacar esta vida que Tú has formado en mí. Sé que Tu Espíritu Santo todavía esta aquí. Sé que tus bendiciones están aún aquí. Creo que serán liberadas. Me niego a aceptar estas otras cosas." ¡Ésta sí es una oración de fe!

Defiende Tu Posición

Todavía hay una lucha. Pero la lucha es por permanecer en la victoria que Dios ya ganó por ti— no tienes que salir y obtener una. ¡Hay una gran diferencia!

Cuando estuve en el ejército, descubrí que defender una posición ya lograda es mucho más fácil que tratar de tomar una nueva. Si estuvieras en la cima de la colina y tuvieras ventaja por estar en una ubicación defensiva, podrías resistir con cinco hombres; pero cien hombres serían necesarios para poder tomar la misma posición. Se requiere mucho más esfuerzo para conquistar algo que aún no tienes, que el que se necesita para defender algo que ya es tuyo.

Tienes que creer que ya fuiste bendecido (Ef. 1:3). Dios ya te ha dado salud, sabiduría, revelación, prosperidad, gozo, paz, ¡todo lo que necesitarás!

Mi enseñanza *Espíritu, Alma y Cuerpo* profundiza mucho más en esta verdad; revela a través de La Palabra de Dios que tu espíritu nacido de nuevo es perfecto, completo y lleno de bendiciones y del poder de Dios y que así será por toda la eternidad.

Un tercio de tu salvación ya se logró. Tu espíritu ha sido totalmente salvo; es idéntico al de Jesús; posee Su gozo, Su paz, Su conocimiento, Su amor y Su fruto. Todo lo verdadero en Jesús es verdadero en tu espíritu vuelto a nacer. Tu espíritu no carece de nada; no está en el proceso de desarrollar estas cosas. No es que éstas estén en tu espíritu como semilla, y que todavía tengan que madurar; no, ya están completas y totalmente formadas en tu espíritu. Todo lo que tienes que hacer es renovar tu mente y permitir que estas virtudes se manifiesten por sí mismas a través de ti. Si esto no es una revelación para ti, entonces no has comprendido completamente lo que te estoy compartiendo.

Dios ya lo hizo. Esto no es sólo "una doctrina." No fue escrito solamente en un pedazo de papel en algún lugar. Ha sido una transformación real que ocurrió en tu espíritu en el preciso momento en que naciste de nuevo. Ahora posees amor, gozo, paz, paciencia, benignidad, bondad, fe, mansedumbre, templanza (Gá. 5:22, 23). Ahora mismo en tu espíritu eres idéntico a Jesús (1 Jn 4:17; 1 Co. 6:17). El mismo poder que resucitó a Cristo de entre los muertos ahora vive dentro de ti (Ef. 1:19, 20). Es infinitamente más fácil soltar algo que ya conoces y que crees que tienes, que intentar obtener algo que todavía no tienes. Si no estás absolutamente convencido de que lo tienes, tendrás que luchar contra estos pensamientos que te hacen dudar. Sin embargo, una vez que te das cuenta que es tuyo, ¿cómo dudarás de que lo obtendrás? ¡Esto es simple, pero tan profundo!

¡Hasta Aquí!

Cuando mi esposa y yo empezamos en el ministerio, éramos tan pobres que tuvimos que rentar un departamento tan pequeño que cuando el sol entraba nos teníamos que salir. El Señor ya nos había bendecido con habilidad para hacer riqueza, pero yo no estaba viviendo conforme a Sus preceptos como para alcanzarla. De hecho, estaba violando una serie de preceptos de La Palabra de Dios. Por lo tanto, batallamos realmente hasta que aprendí algunas cosas haciendo los ajustes necesarios. Dios nos amaba y nunca padecimos hambre, pero no prosperamos hasta que entendimos cómo opera Su reino y empezamos a colaborar con Él.

En aquellos tiempos, no tenía una Biblia completa. La que yo tenía me la llevé a Vietnam. Estaba tan maltratada y rayada que era difícil leerla. También libros enteros de esta Biblia se echaron a perder y se extraviaron. Yo era pastor en una pequeña iglesia, de Segoville, Texas, y sin una Biblia completa.

Tomé una decisión no sé si fue la correcta. "Padre, tengo que empezar a ver la manifestación de Tu poder en alguna parte. Si no puedo creerte para tener dinero suficiente para poder comprar una Biblia nueva, ¿cómo voy a creerte para tener suficiente dinero para guiar a la gente a la salvación y verlos sanados, liberados y bautizados en el Espíritu Santo?" Convertí esto en un reto al decir: "¡Hasta aquí! Dios, esta fe o funciona o yo voy a morir aquí mismo. El desenlace de esta batalla determinará si continúo o no." Para mí, esto no era negociable.

Así que empecé a creerle a Dios que tendría una nueva Biblia. ¡Todo esto tardó seis meses para que pudiera reunir suficiente dinero para poder comprarla! No es que esto no fuera mi prioridad. Sólo que el dinero era muy escaso. Mi esposa y yo pasábamos hasta dos o tres semanas sin comida—aun cuando ella ya tenía ocho meses de embarazo—porque no teníamos dinero. No estoy exagerando cuando digo que me tomó seis meses creer que podría obtener los treinta y cinco dólares extras para poder comprar la Biblia.

Para algunas personas, un "problema" de dinero es tener $1,000 en el banco y $1,100 en facturas. Nosotros ni siquiera teníamos cuenta en el banco, mucho menos dinero para depositar. Tuvimos días en que estábamos sin un centavo en nuestros bolsillos. Tuve que recoger botellas de coca cola para venderlas y tener dinero para la gasolina.

Lidiando con la Duda

Satanás me atormentó en ese tiempo con esto. Luché constantemente contra mis dudas. Por seis meses después de despertar probablemente no transcurrían ni diez minutos sin que tuviera algunos pensamientos como: "Esto no va a funcionar. Nunca lo obtendrás. Ni siquiera tienes una Biblia. ¡Qué clase de hombre de Dios eres!" Tenía que eliminar estos pensamientos y decir: "¡No! En el nombre de Jesús, ¡yo tengo mi Biblia!" Luché contra esos pensamientos constantes e inexorables por seis meses.

Finalmente, tuve suficiente dinero. De manera que fui a una librería, compré una Biblia y le imprimieron mi nombre en ella. ¡Era mía! Después de salir por la puerta con esta Biblia nueva bajo mi brazo, nunca más volví a dudar de que podía obtener una.

"¡Por supuesto! ¿Por qué dudarías para obtener algo que ya recibiste?" ¡Ése es el meollo del asunto!

¿Sabes por qué tienes que luchar contra este pensamiento, *Voy a morir*, inmediatamente después de orar: "Oh Señor, ¿por favor sáname?" Porque no crees que ya estás sano. Crees que Dios puede sanarte, pero estás esperando a que Él lo haga. ¡Esto es incorrecto! Dios ya envió Su poder sanador. Tú no debes estar esperando que Dios te sane; Dios está esperando que te apropies de lo que Él ya hizo.

¡Cree y Recibe!

Esto es como aquella señal de televisión. La señal ya se está transmitiendo. Si tú no estás viendo la imagen, no es que Dios no esté transmitiendo, es tu receptor el que no está funcionando correctamente. Necesitas leer el manual del propietario—La Palabra de Dios—y empezar a estudiarla. Descubre cómo prenderlo, cómo sintonizarlo, cómo eliminar la estática y qué hacer para lograr mejor recepción.

No digas: "¡Estoy esperando en Dios!" Así no es como esto funciona. " Por cuya herida *fuisteis* sanados" (1 P. 2:24, el énfasis es mío). ¡Dios está esperándote para que creas y lo recibas!

Desde que inicié estas enseñanzas he podido ver un incremento enorme en el número de personas que están recibiendo su sanidad. Ya no están solamente pidiendo y esperando que Dios lo haga. En cambio, están creyendo en lo que el Señor ya hizo. Están tomando su autoridad y decretando que lo que ya les fue otorgado se manifieste. ¡Los resultados han sido asombrosos!

Joshua, mi hijo mayor, se enfermó, parecía que iba a morir. Jamie y yo resistimos luchando contra esto y finalmente mejoró.

Esto se repitió durante muchos años consecutivamente. Finalmente, me di cuenta que esto había regresado nuevamente a él y consulté al Señor al respecto. Oré: "¿Señor, qué es lo que está mal?" Él respondió: "el problema es que tú estás luchando para sanar en vez de pelear porque la sanidad ya ha sido otorgada. Estás tratando de obtener sanidad en lugar de proteger la sanidad que ya tienes." Una vez que entendí esto, las cosas cambiaron.

No luches para *obtener* la sanidad; lucha porque ¡ya *fuiste* curado! No pelees por obtener sanidad; ¡lucha por defender la sanidad que ya te fue entregada en Cristo!

Permite que esta revelación te posea y cambie tu actitud respecto a todo lo que tienes derecho a recibir de parte del Señor.

CAPÍTULO 3

Aceptado e Iluminado

"De acuerdo a que Él nos escogió [tiempo pasado] en Él antes de la fundación del mundo" (Ef. 1:4, los corchetes son míos).

Cuando clamaste al Señor por tu salvación no fue cuando por primera vez Él puso Su deseo en ti. Dios no te escuchó y de repente dijo: "¡Está bien! Creo que responderé y enviaré a Mi Hijo." No, Él ya te había escogido. La provisión fue hecha. La expiación ya es una obra terminada. La salvación estaba esperando a que la alcanzaras con fe y te la apropiaras. Aunque tú tuviste que escoger creer y recibir, ¡Dios ya la proveyó mucho antes de que la necesitaras, aun antes de que nacieras y antes de que pecaras alguna vez!

"Para que fuésemos santos y sin mancha delante de Él, en amor habiéndonos predestinado para ser adoptados hijos suyos por medio de Jesucristo, según el puro afecto de su voluntad, para alabanza de la gloria de su gracia, con la cual **nos hizo** *[tiempo Pasado]* **aceptos en el Amado.**

Efesios 1:4-6, énfasis y corchetes míos

La mayoría de los Cristianos están tratando de hacer cosas como: Vivir en santidad, leer la Palabra, pagar el diezmo, ayunar, etc; para hacerse aceptables delante de Dios. Esto es como la situación de una persona que ata a su espalda un palo y que tiene una zanahoria colgando al frente; está sobre una caminadora sin ir a ninguna parte; cada vez que trata de alcanzar su meta— ésta se mueve. La religión motiva a estos Cristianos a mirar al futuro, cuando serán aceptados por Dios. Están cegados a la verdad de que Él ya nos "hizo aceptos en el Amado" (Ef. 1:6).

La expresión griega aquí traducida como "aceptos en el Amado" es exactamente la misma expresión traducida como "muy favorecida" en Lucas 1:28. "Y entrando el ángel [Gabriel] a donde ella estaba, dijo: ¡Salve, muy favorecida! El Señor es contigo; [María] bendita tú entre las mujeres" (los corchetes son míos). Éstas son las dos únicas ocasiones que esta palabra es usada en el Nuevo Testamento. De ahí que, ser "aceptados en el Amado" significa que eres "muy favorecido" por Dios.

Un Hecho Cumplido

La mayoría de los Cristianos no creen que la aceptación, el favor y el amor del Señor para ellos ya son hechos cumplidos. Es algo que anhelan y esperan obtener, pero no entienden que ya lo tienen. La verdad es: ¡Dios te ama y Él no puede amarte más de lo que ya te ama! No hay absolutamente nada que puedas hacer para que Él te ame más —o menos.

Ahora bien, esto es contrario a la mayoría de las enseñanzas religiosas de la actualidad. La religión dice: "Dios te ama en proporción a tu comportamiento". Esto no es verdad. Tú has sido aceptado por lo que Jesús hizo. Efesios 1:6 declara que tú eres "acepto *en el Amado*" (el énfasis es mío). ¿En quién? ¡En Jesús! *En quien tenemos redención por su sangre, el perdón de pecados según las riquezas de su gracia* (Ef. 1:7).

Ya has sido perdonado—¡totalmente! Jesús no sólo obró en tus pecados pasados, que ya confesaste. En la cruz, Él pagó por todos tus pecados pasados, presentes y futuros. Esto es la "redención eterna" que Hebreos 9:12 revela.

Si te pidieran que escribieras una oración que los creyentes pudieran leer y aprovechar dentro de 2000 años contados a partir de hoy ¿Cuál sería tu oración? Basado en mi experiencia con miles de personas, el Cristiano común y corriente hoy en día diría: "Oh Dios, te pido que derrames Tu Espíritu sobre esa generación. ¡Envía avivamiento y actúa de gran manera! ¡Oh Señor, haz algo nuevo en la Tierra en ese día!" Básicamente, toda su oración sería: "¡Dios, haz algo!"

¡Pablo oró precisamente por lo opuesto!

Para que el Dios de nuestro Señor Jesucristo, el Padre de gloria, os dé espíritu de sabiduría y de revelación en el conocimiento de Él, alumbrando los ojos de vuestro entendimiento, para que sepáis cuál es la esperanza a que Él os ha llamado, y cuáles las riquezas de la gloria de su herencia en los santos, y cuál la supereminente grandeza de su poder para con nosotros los que creemos, según la operación del poder de su fuerza.

Efesios 1:17-19

Hay una gran diferencia entre nuestra oración: "Oh Dios, ve y toca a esta persona" y la de Pablo: "Señor, por favor ayúdales a ver y a entender lo que Tú ya hiciste".

Cuando sabes lo que Dios ya hizo, orarás con confianza.

23

¿Quién Responde a Quién?

Jesús ama a la gente por la que estás intercediendo, mucho más de lo que tú la amas. No es tu oración la que hace que Él los ame y actúe en sus vidas. ¡Él los ama millones de veces más de lo que posiblemente tú podrías! No puedes acercarte al amor que Dios tiene por la gente por la que estás intercediendo, sin embargo cuántas veces has orado por alguien y sentido: "¡Señor, si Tú amaras a esta persona por lo menos la mitad de lo que yo la amo, impactarías su vida!"

Hace treinta años yo oraba de esa manera. Mientras intercedía por nuestra ciudad, literalmente lloraba, me lamentaba, rogaba y suplicaba, pensando que Dios tenía que hacer algo y enviar avivamiento. Me esforcé con tal frenesí que golpeé la pared y clamé: "¡Dios, si tu amor por la gente de Arlington, Texas, fuera la mitad del mío, entonces habría avivamiento!" Sin embargo tan pronto como esto salía de mi boca, sabía que algo estaba terriblemente mal con mi teología.

Pensaba que Dios estaba respondiendo a mi oración. Creí que mi intercesión lo motivaba a hacer algo. Me imaginaba al Señor en el cielo con sus brazos cruzados enojado con nosotros por lo impuro que somos. Me parecía que Él había retirado Su Espíritu y Sus bendiciones y teníamos que suplicarle para que cambiara Su actitud hacia nosotros. Mucha gente cree que ésta es la forma de orar por un avivamiento, pero esto es absolutamente erróneo.

No me mal interpretes—estoy a favor del avivamiento y todos sus beneficios. Solamente estoy en desacuerdo en cómo llegamos ahí.

¡Sumérgete, Sácalo y Suéltalo!

El avivamiento no viene al rogarle al Señor que derrame Su Espíritu. Tampoco viene al implorarle que actúe y haga algo nuevo. El avivamiento viene al empezar a creer lo que Dios ya hizo y al empezar a caminar en Su vida dinámica y sobrenatural.

Resucita a alguien de la muerte. Sana algunos ojos ciegos. Empieza a compartir con la gente y a verla liberada —y tendrás todo el avivamiento que puedas manejar.

Jesús no vino pidiéndole a Dios que derramara Su Espíritu. Después de ser lleno del Espíritu Santo, Él simplemente se sumergió, sacó, soltó y dio del Espíritu a la gente. Todo lo que llamamos "avivamiento" aconteció en el ministerio de Cristo, pero no por rogar e implorarle a Dios que haga algo, ¡Jesús simplemente hizo lo que Su Padre le dijo que hiciera!

Sí, necesitamos avivamiento en nuestra Tierra. Pero, ¿cómo viene?; ¿al reclutar otro millón de Cristianos para orar, ponerse de acuerdo y ayunar un día a la semana pidiéndole a Dios por ello? ¡No! El avivamiento viene cuando buscamos sinceramente al Señor y empezamos a creer, aprovechar y a fluir en lo que Él ya hizo. ¡Si te enciendes en fuego por Dios, la gente vendrá a verte arder!

Ver y Entender

Pablo no oró para que Dios hiciera algo nuevo. En vez de eso, dijo: *"Por esta causa también yo, habiendo oído de vuestra fe en el Señor Jesús, y de vuestro amor para con todos los santos, no ceso de dar gracias por vosotros, haciendo memoria de vosotros en mis oraciones, para que el Dios de nuestro Señor Jesucristo, el Padre de gloria, os dé..."* (Ef. 1:15-17). ¿Qué? ¿Una cosa nueva? ¿Otro derramamiento? ¿Una nueva ola? ¡No! "Espíritu de sabiduría y de revelación en el conocimiento de Él" (v. 17).

Pablo no estaba pidiendo algo nuevo sino que empezara a brotar la revelación de que lo que Dios ya hizo y ahora reside en nosotros.

Hizo (ya) sobreabundar para con nosotros en toda sabiduría e inteligencia, dándonos a conocer el misterio de Su voluntad (Ef. 1:8, 9).

En otras palabras, esta sabiduría y revelación por la que Pablo oraba ya ha sido dada a cada creyente. Sólo que no todo creyente la está recibiendo, no tienen su receptor conectado, prendido y sintonizado.

Él oró para que "los ojos de su entendimiento sean alumbrados, para que sepáis cuál es la esperanza a que Él os ha llamado y cuáles las riquezas de la gloria de su herencia en los santos" (Ef. 1:18). Tú no necesitas que Dios haga algo nuevo. Lo que necesitas es ver y entender lo que Él ya hizo.

Como un nuevo creyente, ahora eres más que vencedor a través de Cristo (Ro. 8:37). Ya has sido transformado de la pasada manera de vivir: pecaminosa, injusta e impura; a una justa y santa en Él (2 Co. 5:17, 21; Ef. 4:24). Fuiste liberado del reino de las tinieblas y trasladado al reino del propio Hijo amado de Dios (Col. 1:13). El mismo poder (Ef. 1:19, 20), vida (Gá. 2:20), sabiduría (1 Co. 1:30), victoria (1 Co. 15:57), unción (1 Jn. 2:20) y fe (Gá. 2:20) que Jesús tenía, ahora reside en ti. ¡Tú no necesitas nada más!

¡Sólo necesitas una revelación de lo que ya posees! Eso es por lo que Pablo estaba orando: Que los ojos de tu entendimiento sean alumbrados, para que sepas cuál es la esperanza de Su llamado;

para que tengas una completa revelación de tu potencial en Cristo; para que conozcas las riquezas de la gloria de Su herencia que viven en ti— ¡un santo!

¡Enfoca Tu Atención!

La mayoría de las personas suponen que la gloria de Dios está muy lejana. Se imaginan el resplandor del cielo, las puertas de perlas, las calles de oro, las mansiones, etc. Pero, en Efesios 1:18 se revela que las riquezas de la gloria de la herencia de Dios están en los santos. ¡Lo que está en el cielo palidece en comparación con lo que ya está dentro de ti!

Probablemente estás pensando: "¡Esto no puede ser cierto!" ¿Por qué? Miras en el espejo y ves granos, cabellos grises ¿si es que te quedan?, protuberancias, etc. Revisas tu mundo emocional y observas que no tienes paz ni gozo. Entonces concluyes: "¡Ahí no puede estar la gloria de Dios. Seguramente, no está aquí!" ¡La gloria de Dios está en tu espíritu nacido de nuevo, no en tu cuerpo ni en tu alma!

Tus cinco sentidos naturales no pueden percibir a tu espíritu. Tampoco puedes "sentirlo" con tu alma (tu personalidad, tu mente, tu voluntad, tus emociones y tu conciencia). Tienes que ver quién eres y lo que posees en el mundo espiritual por medio de La Palabra de Dios y luego creer con fe. La mayoría de los Cristianos no saben esto, pero la gloria de Dios ya vive dentro de su espíritu.

Si tienes esta revelación, ¡ninguna depresión podrá afectarte! ¿Cómo podrías quedarte en los basureros cuando realmente entiendes en estos momentos la esperanza de tu llamado y las riquezas de la gloria de Su herencia en ti? Para seguir deprimido, no tienes más que hacer a un lado esta revelación y revisar solamente tu mundo físico, las circunstancias y otras cosas negativas de tu vida. Pero, si sólo enfocas tu atención acerca de quién eres y qué es lo que tienes en Cristo, reconociendo que esto es un convenio y que la gloria que experimentarás por toda la eternidad ya está en ti, la depresión se irá y empezarás a disfrutar la victoria. ¡Esto te pondrá loco de alegría!

CAPÍTULO 4

Su Poder en Ti

P ablo oró para que tú entendieras:

> *"...y cuál la supereminente grandeza de Su poder para con nosotros los que creemos, según la operación del poder de su fuerza, la cual operó en Cristo, resucitándole de los muertos y sentándole a su diestra en los lugares celestiales, sobre todo principado y autoridad y poder y señorío, y sobre todo nombre que se nombra, no sólo en este siglo, sino también en el venidero; y sometió todas las cosas bajo sus pies, y lo dio por cabeza sobre todas las cosas a la iglesia, la cual es su cuerpo, la plenitud de Aquel que todo lo llena en todo."*
>
> *Efesios 1:19-23*

Dios quiere que veas la supereminente grandeza de Su poder para con nosotros los que creemos; es el mismo poder que Él usó al resucitar a Jesucristo de entre los muertos.

¿Alguna vez has orado y le has suplicado al Señor pidiéndole más poder? ¿De dónde crees que Él lo obtendrá? Efesios 1:19-20 declara que ya tienes en tu interior el mismo poder que resucitó a Jesucristo de la muerte. ¡Es la más grande manifestación del poder de Dios!

Resucitar a Jesús de la muerte requirió más poder que la creación del universo, dividir en dos el Mar Rojo, o cualquier otra cosa que Dios haya hecho alguna vez. Si pudieras ubicar el poder de Dios en algún sistema de medición que mostrara cuánto poder es liberado, te garantizo que este sistema tendría el marcador hasta el tope a la hora que Cristo resucitó de entre los muertos. ¿Por qué? Satanás y todos sus demonios hicieron todo lo que pudieron para impedir Su resurrección, pero —¡fallaron!

¡Arruinado!

En la gran iglesia a la que asisto hubo una representación teatral de Semana Santa. En ésta, el diablo interrumpió a Jesús con preguntas maliciosas en el Monte de la Tentación; también se presentó entre la multitud cuando todos gritaban vez tras vez "¡Crucifícale!". Después, ya que Jesús estaba muerto y sepultado, Satanás y todos sus demonios estaban afuera de la tumba empujando la piedra. Aunque trataron con todas sus fuerzas de impedir la resurrección, no pudieron. De repente ocurrió una explosión. Brotó humo de las nubes mientras la piedra caía encima del diablo, y Jesús triunfalmente emergió de su tumba y victoriosamente se paró sobre la piedra.

A pesar de que esta dramatización no mostró en realidad cómo ocurrió esto exactamente, simbólicamente sí ilustra la verdad espiritual. Satanás puso todo su empeño, pero su poder no era nada comparado con el de Dios. ¡La resurrección de Jesucristo es la más grande manifestación del poder de Dios!

¡Y tú tienes ese mismo poder dentro de ti para poder resucitar a los muertos! No está en algún lugar en el cielo. Está en ti— en tu espíritu nacido de nuevo. No necesitas más poder.

Sólo necesitas creer que ya lo tienes y empezar a descubrir cómo funciona. Descubre las leyes que gobiernan cómo funciona el poder de Dios y luego ponlas en práctica.

Si recibes esta revelación, eso destruirá en ti la más grande tradición religiosa que flota en el ambiente y se hace pasar en la actualidad como Cristianismo.

Comandantes, No Mendigos

¡Esto definitivamente cambiará la forma en que oras! Dejarás de estar rogándole a Dios y diciendo: "¡Oh Señor, no soy nadie. No tengo nada, pero creo que Tú sí puedes hacer cualquier cosa. Ven y actúa!" En cambio, una actitud intrépida del Nuevo Testamento provocará que digas: "¡Por mí mismo, no soy nada. No tengo virtud alguna o valor en mi propia capacidad humana. Pero estoy en pacto contigo, Padre. Soy una nueva criatura, y mi espíritu vuelto a nacer tiene el mismo poder que resucitó a Jesucristo de la muerte. Dices en Tu Palabra que a cualquiera que yo imponga mis manos sanará—¡y yo lo creo!" Luego te levantarás, tomarás tu autoridad y empezarás a ordenar y a manifestar el poder de Dios.

Esto es lo que Pedro hizo cuando vio al cojo al lado de la puerta del templo; al comprender que el poder de Dios vivía en él, Pedro declaró: "Pero lo que tengo te doy; en el nombre de Jesucristo de Nazaret, levántate y anda" (Hch. 3:6). Después tomando al hombre de la mano lo levantó. Los pies y los tobillos del hombre inmediatamente se llenaron de fuerza y entonces caminó, saltando y alabando a Dios (Hch. 3:7,8).

Pedro dijo: "De lo que tengo". No se estaba refiriendo a su propia fuerza humana, pero sí a la fuerza de Dios que resucita muertos, que vivía en su espíritu nacido de nuevo. La mayor parte de las iglesias de hoy te expulsarían si dijeras algo parecido. Argumentarían: "¡Tú no puedes hacer nada!" ¡Por supuesto que no! ...en tu ser físico. Pero en el verdadero tú— tu espíritu nacido de nuevo has recibido la vida de la resurrección de Dios.

Este entendimiento te transformará en un comandante. Ya no le rogarás más a Dios diciendo: "El doctor me dijo que voy a morir y no puedo hacer nada al respecto. ¡Oh Dios, por favor sáname!" Ni te sentarás luego como un desvalido suplicando al Señor que haga algo. Orando de esa manera demuestras que aún no has recibido la revelación de que el mismo poder que levantó a Jesucristo ahora está viviendo dentro de ti. Este conocimiento te cambiará de murmurador, exigente, llorón y quejoso en un creyente que usa su autoridad, resiste firmemente y le impide a Satanás que le robe lo que Dios le ha dado. ¡Ésta es una actitud totalmente diferente!

En vez de estar petrificado y escondido en una esquina orando: "Dios, por favor quita al diablo de mi espalda," te pararás ahí mismo y dirás: "¿Dónde está? Reto a Satanás a que asome su fea cara. ¡Pelearé con él hasta la muerte porque tengo autoridad y poder!" La diferencia no sólo es emocional, sino que también verás sus resultados.

Potencia Superior

Cuando llegué por primera vez a Vietnam como soldado, estuve bajo un fuerte ataque del enemigo. Éstos no eran luchadores de guerrilla sino que estaban bien equipados, comunistas entrenados, tropas nacionales. Cinco mil rodearon la cumbre de la montaña en donde sólo 120 de nuestros soldados de Estados Unidos estábamos ubicados. Por consiguiente, estábamos en "Alerta Roja". Eso significaba que todos los soldados debíamos estar despiertos toda la noche y custodiar todos juntos el búnker, en vez de tomar turnos como normalmente lo hacíamos.

Esa primera noche mantuve la guardia yo solo porque mi compañero asignado conmigo en el búnker se durmió. Les mencioné lo de la Alerta Roja a los demás, pero la ignoraron. Así que permanecí yo solo despierto toda la noche. La siguiente noche yo estaba muy desvelado para repetir la guardia, así que esta vez fui un poco más insistente y se quedaron conmigo.

Finalmente, uno de ellos dijo: "Tú debes ser nuevo". Cuando respondí que sí lo era, comenzaron a reírse. Después me dijeron qué tan superior era nuestra potencia comparada a la que el enemigo tenía. Si finalmente salieran de sus hoyos, nosotros literalmente los destruiríamos en minutos. Me describieron todas las diferentes armas que teníamos y qué tan poderosas eran. Esa vasta superioridad de nuestras armas me sobrecogió. Y en un poco tiempo ya estaba dormido como los demás.

Mi ignorancia me provocó ansiedad por esta circunstancia. Una vez que aprendí lo que teníamos, perdí el miedo y mi confianza volvió. Por supuesto, todavía tenía mi viveza, mi prudencia y mi sabiduría, pero ahora pude descansar. Aunque no era lo que pudieras llamar *"un entusiasta extremista"* por la guerra, pensé: "Si vamos a pelear, entonces hagámoslo en nuestros términos". Estaba retando al enemigo a que intentara atacarnos.

¡Así que deja de lloriquear, de quejarte, de lamentarte y de rogarle a Dios! Descubre lo que Jesucristo ya obró y aprende cómo emplearlo. ¡Después la confianza reemplazará al temor conforme actúes como el comandante que eres a través del nuevo nacimiento!

La Mayoría Gana

Haz tuya la oración de Pablo, diciendo: "Padre, ¡tengo una visión fugaz de esto, y necesito tu revelación! Abre los ojos de mi entendimiento y ayúdame a ver la esperanza para la cual fui llamado. Alúmbrame para poder entender las riquezas de tu gloria y la supereminente grandeza de Tu poder que te resucitó de entre los muertos, poder que Tú has depositado en mi espíritu vuelto a nacer. ¡Padre, por favor dame una revelación de lo que ya poseo!"

No digas: "Oh Dios, dame más de lo que ya tengo. No tengo suficiente. Sé que Tú puedes hacer cualquier cosa. Pero yo no puedo hacer nada". En tu ser carnal—separado de tu espíritu nacido de nuevo—esto es verdad. ¡Pero no eres solamente carnal! Parte de ti ha vuelto a nacer y ahora tiene toda la vida de Cristo; la victoria y el poder ya están dentro de ti.

Eres, en tu espíritu, ¡tal como Jesús es ahora mismo! En tu espíritu, eres justo en este momento, igual que como lo serás por toda la eternidad. No necesitas que Dios haga algo nuevo. Sólo necesitas una revelación de lo que Él ya hizo.

Fuiste hecho de tres partes distintas—espíritu, alma y cuerpo (1 Ts. 5:23). Tu espíritu nacido de nuevo es exactamente como es Dios y siempre será para Él (Ef. 4:24; 1 Co. 6:17; 1 Jn. 4:17). Si tu alma—tu parte mental y emocional—se renueva y cree lo que La Palabra de Dios dice que hay en tu espíritu, experimentarás la vida y el poder de Dios en ti (espíritu + alma = 2 en contra de 1). Por otra parte, si tu alma está en acuerdo con tu cuerpo físico; la vida y el poder de Dios que están en ti no serán capaces de manifestarse en el mundo natural (alma + cuerpo = 2 en contra de 1). ¡Simplemente la mayoría siempre gana!

Si dejas que lo que percibes te domine, tu alma se pondrá de acuerdo con tu cuerpo y detendrá el fluir de la vida y el poder de Dios en ti. Cuando sólo permites que lo que puedes ver, probar, oír, oler y sentir controle tus pensamientos, dirás: "Si realmente tuviera el poder de la resurrección de Dios dentro de mí, lo percibiría. ¡Como no siento nada, entonces no debo tenerlo!" Así es cómo el poder sobrenatural de Dios en tu espíritu resucitado permanece separado de su manifestación.

Él Limpiará Nuestras Lágrimas

"Pues tengo por cierto que las aflicciones del tiempo presente no son comparables con la gloria venidera que ha de manifestarse en *nosotros"* (Ro. 8:18, el énfasis es mío).

Nota que la gloria no va a ser revelada a nosotros, pero sí en nosotros. No es como si al llegar al cielo de repente Dios impartiera Su gloria en nosotros. No, lo que ocurre cuando llegamos al cielo es que ya no vamos a pensar carnalmente. ¡Entonces seremos capaces de ver completamente lo que ya estaba dentro de nosotros!

Por esto Dios deberá limpiar las lágrimas de nuestros ojos. No se debe a que mucha gente llegará al cielo con los méritos mínimos. No, cuando lleguemos y recibamos la revelación total de lo que ya teníamos, lloraremos, nos lamentaremos y nuestros dientes rechinarán por el modo como dejamos que el diablo nos robara. Intimidados por sus mentiras, le rogamos y suplicamos a Dios que hiciera algo que ya estaba hecho. Puesto que no creímos que ya lo había hecho, vivimos por debajo de nuestros privilegios en Cristo y sin ningún motivo dejamos que el diablo nos golpeara. Por esto, primero habrá un llanto y lamento en el cielo. ¡El Señor tendrá que consolarnos sobrenaturalmente para que seamos capaces de disfrutar el estar ahí!

Ésta es una predisposición totalmente diferente. Constantemente conozco gente que está tan deprimida, tan desanimada y tan derrotada que se ofende por lo que les comparto. Piensan que soy insensible, sin compasión y que no sé lo que es estar herido. No voy a glorificar al diablo mencionando todos mis problemas, pero he vivido momentos que me han herido tanto que honestamente pensé que no podría pasar la noche. He experimentado muchas cosas que han ido mas allá de mi capacidad de enfrentarlas, pero aquí estoy ahora, vivo y con bienestar. Estas verdades que comparto contigo son las que me salvaron.

La filosofía complaciente del mundo ha penetrado al "Cristianismo" de hoy en día. Mucha gente prefiere sentarse y revolcarse en su dolor que superarlo. Prefieren tener la compasión de los demás y recibir abrazos, recibir palmadas en la espalda, y que les digan: "Oh sí, es realmente miserable," que salir de esa situación. Algunas personas prefieren el "consuelo" momentáneo y no la solución que los liberará para siempre.

La Respuesta

Lo que estoy compartiéndote no es insensible; es la respuesta. Es sólo la verdad que sabes la que te liberará (Juan 8:32). Tu ignorancia de la Palabra de Dios es lo que Satanás usa para tenerte amarrado. "Mi pueblo fue destruido, porque le faltó conocimiento" (Os. 4:6). ¡Lo que tú no sabes es lo que te está matando!

Reconozco que la gente tiene problemas. No todos los creyentes entienden simple y claramente cómo operar esto. Puedo tener compasión por alguien que tiene problemas. Sin embargo, tu reacción adecuada cuando escuches esto deberá ser: "Padre, esto es verdad. A través de la muerte, del sepelio y de la resurrección de Jesucristo, Tú ya has dispuesto todo lo que yo necesito. Por lo tanto, me voy a levantar en el nombre de Jesús y te creeré. ¡Resuelvo en mi corazón que he de apropiarme de lo que me pertenece legítimamente y saldré de esta basura!" Ahora bien, ¡ésta es la respuesta correcta!

Si quieres permanecer lisiado y aceptar la compasión de los demás, ¡necesitas sacarte el dedo pulgar de la boca y crecer!

No te quedes ahí sentado con esa mirada triste en tu cara. Empieza a reconocer lo que Jesús ya hizo por ti.

Mi propósito es ayudar, no ofender. Pero nuestro "Cristianismo pasivo", así llamado actualmente, va en contra de esta verdad que hará que mucha gente se ofenda por esto que estoy diciendo. Sin embargo, te reto a que consideres cuidadosamente lo que te estoy diciendo. Entender esta realidad me hizo libre y me capacitó más que nunca para avanzar en una forma más elevada de victoria.

He podido hacer cosas que están mas allá de mi habilidad humana. Por más de treinta y seis años no he estado deprimido, ni desanimado, ni derrotado . He visto gente resucitar de los muertos, ciegos que recuperan la vista y enfermedades terminales curadas. Todo esto ocurrió cuando cooperé con el poder de Dios dentro de mí.

¡Directo de Dios para Ti!

¡Lo que te estoy predicando funciona! Es lo que me mantiene seguro cuando todo a mi alrededor parece estar deshaciéndose. Si tú recibes esta revelación, ¡también será útil para ti!

Por lo tanto, te invito a usar esta oración de Efesios 1:17-23 y a combinarla con la oración de Efesios 3:16-21 y que la hagas tuya. Óralas y óralas y óralas—no para que Dios haga algo sino para que abra los ojos de tu entendimiento y puedas ver la plenitud de lo que Él ya hizo. Créeme, Dios desea que tengas esta revelación más de lo que tú lo deseas. Simplemente abre tu corazón, empieza a buscar y vuélvete deseoso de manera positiva, diciendo: "¡Dios, no puedo vivir más sin la revelación de lo que Tú ya has hecho! Me rehúso a seguir pidiendo, a seguir rogando y suplicando que hagas algo que Tú ya has hecho. ¡Debo tener este conocimiento!" Conforme lo buscas con todo tu corazón, estas verdades cambiarán totalmente tu vida.

Ésta no es una revelación que recibes una vez y después puedes abandonar. Es la clase de conocimiento que deberá volverse parte de tu vida Cristiana cada día. El resto de este libro empezará a ampliar e incluso a exponer profundamente todo esto. Creo que realmente te ayudará. Pero finalmente, necesitas que el Espíritu Santo haga esto una realidad personal para ti. Esto debe ir más allá de un mero conocimiento intelectual y se debe convertir en un conocimiento con revelación—¡directo de Dios para ti!

Ahora me pongo de acuerdo contigo en oración para que el Señor use estas cosas que he compartido contigo para ayudarte a recibir esta revelación de que ¡ya lo tienes!

CAPÍTULO 5

Por Gracia a Través de la Fe

E l libro de Efesios fue escrito para mostrarte lo que Dios ha hecho. Estas oraciones no le piden a Dios algo nuevo, sino que los ojos de tu entendimiento sean alumbrados para que puedas ver lo que ya tienes (Ef. 1:17, 18).

Observa cómo todo está en tiempo pasado.

Y Él os dio vida a vosotros [te dio vida], *cuando estabais muertos en vuestros delitos y pecados* (Ef. 2:1, los corchetes son míos).

No es, "te puede dar vida si tú crees, si buscas, si le pides a Dios." ¡No! Todo esto fue escrito desde la misma perspectiva: "un trato hecho". ¡Ya lo tienes! Dios ya te vivificó.

¡Vivo!

Si recibiste a Cristo, ahora estás vivo. Aunque el poder vivificador del Señor ha sido adquirido para cada uno—Cristianos y no Cristianos por igual—los no Cristianos no lo han recibido todavía o no han sido vivificados. Pero tú como Cristiano nacido de nuevo, has sido vivificado.

A lo mejor no has manifestado la vida de Dios dentro de ti pero tu espíritu está tan vivo como siempre lo estará. Aunque tu cuerpo físico quizás esté herido y tu alma todavía esté luchando contra la depresión, tu espíritu nacido de nuevo está vivo de la misma manera en que Jesús está vivo. Tú tienes dentro de ti el poder de resurrección de Dios. No estás tratando de que te den vida. Ya estás vivo en el mundo espiritual. A través de la fe, puedes extraer esa vida de tu espíritu y verterla en tu alma y en tu cuerpo.

Ora de acuerdo a La Palabra de Dios, entendiendo quién eres y lo que tienes en Cristo. No comiences por pedirle con incredulidad, opuesto a La Palabra, diciendo: "Señor, estoy muerto. No hay nada bueno en mi vida. No tengo vida." En cambio, di: "Padre, te agradezco porque tengo la vida de resurrección dentro de mí. El doctor dice que estoy muriendo. La muerte está obrando en mi cuerpo, así que voy a sacar Tu vida que está dentro de mí. Te agradezco porque está hecho. Ahora, tomo mi autoridad y hablo. Le ordeno a la enfermedad que se vaya y a la sanidad que se manifieste, en el nombre de Jesús." Ésta es la actitud apropiada. ¡Ya has sido vivificado!

En los cuales anduvisteis en otro tiempo, siguiendo la corriente de este mundo, conforme al príncipe de la potestad del aire, el espíritu que ahora opera en los hijos de desobediencia (Ef. 2:2).

Observa cómo el ser dominado por Satanás y seguirlo ocurrió en el pasado. Podrás pensar: "Soy un Cristiano, pero todavía estoy dominado por el diablo". Si esto es así, es porque el versículo 1 realmente no es para ti. No entiendes cómo tú ya has sido vivificado y liberado de la muerte causada por tus delitos y pecados. Cuando verdaderamente entiendes que ya recibiste vida, eso quebranta el poder del pecado y vives tu victoria.

Tu vida será caracterizada por la victoria y no por la derrota. No es que alcances la perfección sin pecado y nunca cometas un error. Es sólo que cuando entiendas y reconozcas que Cristo ya lo ha hecho—que tú posees la vida de resurrección y eres como Jesús en el espíritu—la victoria será un producto derivado inevitable.

Para que la participación de tu fe sea eficaz [empiece a operar] *en el conocimiento de todo el bien que está en vosotros por Cristo Jesús* (Filemón 1:6, los corchetes son míos).

Tu fe operará y verás la victoria manifestarse, en lo físico, en relación al dinero, en tu alma, etc.—¡mientras reconozcas cada cosa buena que hay dentro de ti en Cristo!

Nueva Naturaleza / Nuevo Asiento

Entre los cuales también todos nosotros vivimos en otro tiempo en los deseos de nuestra carne, haciendo la voluntad de la carne y de los pensamientos, y éramos por naturaleza hijos de ira, lo mismo que los demás (Ef. 2:3).

Otra vez, todo está en tiempo pasado. Algunos dicen, "¡pero esto todavía está obrando en mí!" Si así es, es porque no has entendido que, en el espíritu, ya lo tienes todo. Eres tan completo como alguna vez lo serás. Puesto que no has entendido y reconocido las cosas buenas que están dentro de ti en Cristo, todavía estás siendo dominado por la carne.

La verdad es que, ¡tu naturaleza ha sido cambiada! Ya no tienes una vieja naturaleza que te obliga a vivir en pecado. Esa murió y fue sepultada en el momento en que aceptaste a Cristo. Tu nueva naturaleza—tu espíritu nacido de nuevo—fue creado en justicia y en santidad de la verdad (Ef. 4:24). La única causa por la que sigues luchando contra esos antiguos deseos de pecar es tu mente no renovada. Conforme La Palabra de Dios transforme tu mente, experimentarás menos esos antiguos deseos y más tu nueva naturaleza. (Insisto; reviso esto con mucho más detalle en mi estudio titulado *Espíritu, Alma y Cuerpo*).

Pero Dios, que es rico en misericordia, por su gran amor con que nos amó, aun estando nosotros muertos en pecados, nos dio vida juntamente con Cristo (por gracia sois salvos) (Ef. 2:4, 5).

Observa otra vez que esto está en tiempo pasado. Ya te dio vida. Dios te amó. Él ya hizo esto.

Y juntamente con Él nos resucitó [tiempo pasado], *y asimismo nos hizo sentar en los lugares celestiales con Cristo Jesús* (Ef. 2:6, los corchetes son míos).

Esto no es algo que debes buscar o tratar de obtener; esto es algo que debe recibirse como un regalo. Ya está hecho. Ya estás en relación con Dios. Has sido resucitado de la muerte espiritual y ahora estás sentado en lugares celestiales con Cristo.

Sodio y Cloruro

Para mostrar en los siglos venideros las abundantes riquezas de su gracia en su bondad para con nosotros en Cristo Jesús. Porque por gracia sois salvos por medio de la fe; y esto no de vosotros, pues es don de Dios; no por obras, para que nadie se glorie (Ef. 2:7-9).

Éste es un poderoso pasaje de la Biblia. También es muy familiar. Aunque mucha gente piensa que ya sabe lo que dice; lo dejan de lado y realmente no le dedican mucho tiempo o esfuerzo; por esto no reciben el beneficio completo.

Fuiste salvo por la gracia a través de la fe. No fuiste salvo sólo por gracia. Tampoco fuiste salvo sólo por fe. Fuiste salvo por gracia a través de la fe. Para mostrar ese punto de vista a alguien, algunas veces hago resaltar una verdad sobre la otra. Por ejemplo, si alguien argumenta: "Yo creo que tienes que ser santo, pagar tus diezmos, ser bautizado, etc..." entonces responderé: "No, tú has sido salvo por la fe. Es tu fe en lo que Jesús hizo lo que te salva, no lo que tú haces para el Señor". Así que no es absolutamente erróneo enfatizar "fuiste salvo por la gracia" o "fuiste salvo por la fe" para elaborar ese punto de vista. Pero estrictamente hablando, no fuiste salvo sólo por la gracia o sólo por la fe. Fue una combinación de ambas. ¡Fuiste salvo por la gracia a través de la fe!

La gracia y la fe son como el sodio y el cloruro. Si ingieres cualquiera de ellos por separado, son venenosos. Cualquiera de los dos te mataría si tomaras una cantidad suficiente. Sin embargo, si los mezclas obtendrás cloruro de sodio (sal de mesa). Juntos, se convierten en algo de lo que no puedes prescindir en tu vida: la sal. ¡Así es como actúan la gracia y la fe!

La gracia por sí misma (sin la fe) ¡no te salvaría! En Su gracia, Dios ha provisto la salvación para todos a través de la muerte, sepultura y resurrección de Jesucristo. La gracia de Dios es la misma para todos. No obstante, no toda persona es salva. ¿Por qué? Aunque la provisión para su salvación ya ha sido hecha (la gracia), ¡cada individuo debe apropiarse de la gracia de Dios por medio de su propia fe!

La fe aislada (separada de la gracia) ¡tampoco te salvará! Debes poner tu fe en Jesucristo y en lo que Él cumplió en la expiación (la gracia). Si tu fe está en cualquier otra cosa (vivir en santidad, pagar los diezmos, leer la Biblia, asistir a la iglesia, etc.), No producirá tu salvación. Tu fe, o está en Jesús y en lo que Él hizo (gracia) o en ti mismo y en lo que haces (tus obras). ¡Sinceramente el problema se reduce a eso! La fe Bíblica siempre cree en Jesús y se apropia de lo que ya ha sido dado por la gracia de Dios.

La Gracia o la Fe

Soy un maestro de la gracia. Enfatizo lo que Dios ha hecho por nosotros. Debido a esto, he sido rechazado por mucha gente de "fe". Piensan que exagero la gracia de Dios y subestimo lo que debemos hacer por Dios.

También soy un maestro de la fe. Enfatizo nuestra responsabilidad para responder positivamente a lo que Dios ya hizo. Por eso soy rechazado por la gente que se inclina por la "gracia". Piensan que pongo mucho énfasis en lo que debemos hacer.

Generalmente el Cuerpo de Cristo está dividido principalmente en dos grupos diferentes: el de la gracia y el de la fe. La gente que cree en la gracia malinterpreta y critica a la gente que cree en la fe y viceversa. Ambos tienden a tomar posiciones extremas.

A la gente que cree en la gracia no le gusta escuchar predicaciones acerca de la fe. ¿Por qué ? Porque ven a ésta como algo que estamos obligados a hacer. Para ellos esto compromete la gracia de Dios. Enseñan que la vida del Cristiano está totalmente basada en la gracia de Dios, y que tu fe, lo que crees, no tiene nada que ver con esto. ¡Por esto la gracia, por sí misma, te matará!

Por otra parte, la gente que cree en la fe no le gusta escuchar predicaciones acerca de la gracia. ¿Por qué? Su enfoque está concentrado con lo que deben hacer. Discuten cómo edificarte en la fe, lo que la fe logrará, etc. A los predicadores de la fe no les gusta mencionar la gracia de Dios porque sienten que esto debilitaría la motivación de la gente para actuar con determinación y hacer que las cosas sucedan. Sin embargo, ¡la fe por sí sola también te matará!

Todo el error se origina al enfatizar una verdad de La Palabra de Dios y sacrificar otras verdades complementarias. Sólo toma una verdad y exáltala y aíslala de otras verdades indispensables (ya sea por descuido o a propósito) y ésta será un error.

¡Debe haber un equilibrio! Todas las verdades de La Palabra de Dios deben encajar y armonizar. Cuando se entienden correctamente, la gracia y la fe se complementan la una con la otra. Fuiste salvo por gracia a través de la fe (Ef. 2:8). ¡Ambas fueron necesarias, no sólo una o la otra!

No Ganado, Inmerecido, Injustificado

La gracia es polifacética. Primera de Pedro 4:10 habla de "la multiforme [múltiple, polifacética] gracia de Dios" (los corchetes son míos). Por lo tanto, la gracia puede definirse de diferentes maneras.

La mayoría de las personas define la *gracia* como "favor inmerecido." Aunque es realmente cierto, ésta es una definición incompleta. Esta definición se enfoca en la verdad de que la gracia no es ganada y es inmerecida. Ésta es un regalo. Si trabajas por ella, pagas por ella, o cumples algún requisito mínimo para recibirla— entonces esto no es gracia. La gracia es un favor que tú no ganas, es inmerecido e injustificado.

Otra importante faceta de la gracia es que es algo que Dios creó para ti, independientemente de ti. Por gracia, Jesús murió por los pecados del mundo entero. Él no esperó hasta que vivieras y pecaras para poder responderte. No, Dios te otorgó la salvación aun antes de e independiente de ti.

Él predeterminó que enviaría a Su Hijo a la cruz por nosotros aun antes de que Él creara el mundo, antes de que Él formara a la gente, y antes de que la gente pecara. ¡La redención latía en el corazón de Dios mucho antes de que tú llegaras!

La gracia de Dios proveyó tu salvación antes de que la necesitaras. Jesús murió por nuestros pecados 2,000 años atrás, antes de que nacieras, antes de que pecaras. Antes e independientemente de ti o de cualquier cosa que pudieras hacer para ganarla o merecerla, Dios proveyó tu salvación. ¡Éste es un favor inmerecido!

Constante

La gracia también es constante. Puesto que no está basada en nuestro comportamiento, y fue dada independientemente de cualquier cosa con mérito de tu parte, Dios— por la gracia— es el mismo para todos. Su gracia es exactamente la misma para Cristianos y no Cristianos, para los que aman a Dios y para los que odian a Dios.

Porque la gracia de Dios se ha manifestado para salvación a todos los hombres (Tit. 2:11).

La gracia incluye todo lo que Jesús hizo por nosotros en la redención. La Palabra dice que Su gracia se ha manifestado a "todos los hombres," no sólo a esos que ya la tienen o a aquellos que la recibirán. Por lo tanto la gracia de Dios es la misma para todos.

Si la gracia por si sola te salvara, entonces todos serían salvos. La gracia de Dios es constante para toda la gente y ha llegado a todo hombre, pero no todos son salvos. Jesús lo dejó bien claro: son más los que escogerán la puerta ancha y espaciosa que conduce a la destrucción, que los que encontrarán la puerta angosta que conduce a la vida (Mt. 7:13). ¿Por qué? No eres salvo solamente por la gracia. Eres salvo por la gracia a través de la fe. Debes corresponder a la gracia de Dios con tu fe para que la recibas.

Dios envió sobre Adolfo Hitler tanta gracia como sobre ti y sobre mí. Hasta donde sabemos, Hitler no aceptó la gracia de Dios. A menos que Adolfo hubiera cambiado su forma de pensar en el último minuto, eso sólo Dios lo sabe, terminó su vida resistiéndose al Señor. Incluso cuando aparentemente odiaba a Dios, la gracia de Dios permaneció siempre constante hacia él. Pero de acuerdo a nuestro conocimiento, Hitler la rechazó.

Por sí misma la gracia de Dios no te salva. La gracia de Dios no te sana por sí misma. Tampoco te bendice. La gracia de Dios por sí misma no hace nada para nosotros. Sin embargo, cuando recibes esta gracia y la mezclas con fe, el poder de Dios es enviado a tu vida para tener la salvación como una realidad.

Tu Respuesta Positiva

La fe no es algo que haces para que Dios actúe. Estudiar la Biblia, confesar La Palabra, actuar en acuerdo con La Palabra, etc. Todo esto está involucrado en este proceso de fe, pero en sí mismas no son "la fe." La fe no hace que Dios actúe de alguna manera.

Una de las principales razones por las que la gente no está recibiendo más de parte del Señor es porque piensa que "la fe" es la respuesta de Dios a algo que hicieron. Esto pone una responsabilidad en tu conducta, acciones y tus resultados. Podrías estar motivado por un tiempo, pensando: "¡Oh, voy a ser perfecto y hacer todas estas cosas. Después Dios me sanará!" Finalmente nadie puede lograrlo. Nadie es suficientemente bueno para hacer que Dios actúe. La fe no mueve a Dios; Él no está atorado. Él no es el que necesita actuar. La fe no es algo que tú haces para que Dios haga algo.

La Biblia llama a tal "fe" obras y legalismo. Estás haciendo algo para tratar que Dios haga algo por ti. ¡Esto es la carne! Puedes aceptar La Palabra, confesarla, orar, levantarte, actuar como si estuvieras sano y desechar tu medicina, pero tus acciones nunca harán que Dios te sane. De hecho, las obras y el legalismo impiden que lo que Dios ha provisto se convierta en una manifestación física. ¿Por qué? Dios no estará obligado a nada. ¡Todo lo que proviene de Dios debe venir por la gracia a través de la fe!

La fe es simplemente tu respuesta positiva a lo que Dios ya proveyó con Su gracia. Si lo que estás llamando "fe" no es la respuesta a lo que Dios ya hizo, entonces ésta no es fe verdadera. La fe no trata de hacer que Dios te responda positivamente. La fe verdadera es tu respuesta positiva a lo que Dios ya hizo por medio de Su gracia.

La fe sólo se apropia de lo que Dios ya ha provisto por medio de Su gracia. Si estás tratando de hacer que Dios haga algo nuevo, entonces esto no es fe. La fe verdadera sólo recibe— alcanza y toma— lo que Dios ya ha hecho.

CAPÍTULO 6

"Lo que Tengo"

¡Los primeros días del movimiento carismático fueron alocados! La gente se reunía en los estudios de Biblia en grupos de hogar y en desayunos de oración porque no había muchas iglesias establecidas llenas del Espíritu Santo. La supervisión espiritual de personas maduras era escasa porque la mayoría de la gente involucrada acababa de ser tocada uno o dos años atrás, incluyendo a los pastores. Por consiguiente, la inmadurez abundaba. Muchas cosas gloriosas sucedieron a principios de 1970, ¡pero también abundaba la extravagancia!

Muchas citas bíblicas sobresalientes se hicieron muy populares en esos días:

Respondiendo Jesús, les dijo: Tened fe en Dios. Porque de cierto os digo que cualquiera que dijere a este monte: quítate y échate en el mar, y no dudare en su corazón, sino creyere que será hecho lo que dice, lo que diga le será hecho. Por tanto, os digo que todo lo que pidiereis orando, creed que lo recibiréis, y os vendrá.

Marcos 11:22-24

Y "al que cree todo le es posible" (Marcos 9:23).

De acuerdo a estos versículos, cualquiera puede pedirle a Dios cualquier cosa que desee y ¡todo será posible! ¿Puedes ver qué fácil sería caer en un error, si no supieras que la fe sólo se apropia de todo aquello que Dios ya otorgó por Su gracia?

¿Qué Cosas Deseas?

En mi pueblo natal de Arlington, Texas, una mujer fundó un Instituto Bíblico con veinte o treinta estudiantes. Tomó Marcos 11:22-24 y lo aplicó a su deseo de casarse con Kenneth Copeland. Después soltó su fe y comenzó a confesar: "¡Yo lo creo, lo recibo y lo tendré!"

Sin embargo, Kenneth ya estaba casado con Gloria. Así que esta mujer veía a Gloria como su "montaña" y comenzó a orar por ella "para removerla" y "hecharla en el mar." De hecho le ordenó a Gloria que se muriera y se quitara de su camino para que ella pudiera casarse con Kenneth. Como acto de su fe, esta mujer planeó una ceremonia nupcial con los estudiantes del Instituto Bíblico como asistentes donde "se casaba" con Kenneth Copeland "en el espíritu". Después continuó esperando a que Gloria Copeland muriera, así Dios uniría a Kenneth con ella.

Treinta y seis años han pasado y todavía no ha sucedido y tampoco va a suceder. ¿Por qué pasó esto, cuando La Palabra de Dios simplemente dice: "Cualquier cosa que tú desees"? ¿No puedes sólo maldecir a alguien, ordenar que se muera y luego casarte con su cónyuge? ¿No puedes planear el robo de un banco, orar por el dinero y luego decir: "creo en mi corazón y confieso con mi boca que voy a robarme un millón de dólares y no me atraparán? Yo creo y lo recibo; ¡es mío!" ¿Por qué no puedes hacer estas cosas? Es muy fácil una vez que lo entiendes. Dios por gracia no incluyó el asesinato, el adulterio o el robo en la expiación de Cristo. Puesto que Jesús no proveyó esto, tu "fe" ¡no puede hacerlo!

Recibe lo Que ya Te ha Sido Dado

La fe no mueve a Dios. Él no responde a lo que hacemos "en fe" y luego actúa. Por gracia, Dios ya proveyó todo. El Señor no ve tu oración, tu confesión, tus ruegos, tus ayunos ni tus acuerdos con los demás, ni tampoco ve las otras cosas que haces añadiéndolo para que sea "suficiente" para que Él actúe. Estas cosas no son como una palanca que una vez que le aplicas suficiente presión —¡Boom!— puedes hacer que el poder de Dios opere. ¡El Señor no responde a tu fe!

Si tu fe es una fe real, será simplemente una respuesta a lo que Él ya hizo. Dios ya sanó a todos por Su gracia. Él tomó sobre sí todos los pecados y enfermedades del mundo entero estando en la cruz. Él ya arregló esto. Ya es un convenio. Se acabó. Por esto 1 Pedro 2:24 dice: "Por cuya herida *fuisteis* [tiempo pasado] *sanados*" (el énfasis y los corchetes son míos). Ya está hecho. El Señor no está sanando a la gente hoy. Él nos sanó hace 2,000 años con la muerte, sepultura y resurrección de Cristo. La gente saca provecho de esa sanidad por fe y recibe la manifestación hoy. Pero Dios ya hizo el trabajo necesario para proveernos desde hace mucho tiempo.

La sanidad fue liberada, transmitida y emitida hace 2000 años en la expiación del Señor Jesucristo. Una vez que naciste de nuevo, Él depositó en ti el mismo poder de resurrección que resucitó a Jesús de la muerte. Ya no se trata de que Dios te dé salud; Él ya lo hizo. ¡El asunto es si —por fe—lo alcanzarás y lo tomarás!

Cuando necesitas salud, Dios ni siquiera tiene que levantar el más pequeño de sus dedos. La gente ora: "Oh Dios, extiende tu mano poderosa". ¡Error! El Señor ya consumó la sanidad y la depositó dentro de tu espíritu nacido de nuevo. Para que la sanidad se manifieste tienes que recibirla. No tienes que hacer que

Dios te la dé; sólo tienes que recibir en tu mundo físico lo que Él ya te dio en el espíritu. Aprópiate— con fe— de lo que Dios te otorgó por gracia.

Una Espera Activa

Cuando entiendes lo que te estoy comunicando, ¡esto revolucionará totalmente la manera como recibes de Dios! La mayoría de la gente a la que le predico está intentando que Dios los sane. Así que oran, hacen todas estas otras cosas, y luego pasivamente se sientan y esperan a que Él actúe. Para justificarse a sí mismos, citan versículos como Salmos 27:14:

> *"Aguarda a Jehová; esfuérzate, y aliéntese tu corazón; sí, espera a Jehová."*

Solamente le dan vuelta a sus dedos y suspiran: "¡Bueno, le toca actuar a Dios!" Esta clase de "espera" no es la manera en que efectivamente recibes de parte de Dios.

"Esperando en el Señor" significa ser como un mesero o una mesera en un restaurante. No están sólo sentados en un lugar esperando a que tú hagas algo. ¡No! Ellos están esperando, están atentos a ti. Un buen mesero ve cuando la bebida de tu vaso empieza a disminuir y enseguida viene para llenarlo. Son sensibles y están conectados con los que están siendo servidos, preguntándoles constantemente, "¿hay algo más que pueda hacer por Usted? ¿Está bien? ¿Necesita algo?" Ésta es la clase de "espera" a la que la Biblia se refiere.

La Palabra de Dios no aboga por esperar al Señor de la manera como esperas el autobús. Éste no es un principio bíblico para que ores y digas: "Bueno, ahora está en las manos de Dios. Lo que será, será. Depende de Él. Dios ha visto lo que yo he hecho y ahora veremos lo que Él hará." ¡No, Dios no te responde a ti!

Cuando un problema llega a tu vida, no es nada nuevo para el Señor. Él sabía cuáles iban a ser tus problemas mucho antes de que tú los tuvieras. Por la gracia, Él te proveyó la solución por adelantado— ¡antes de que tú nacieras! Él te proveyó sanidad antes de que te enfermaras. Él te proveyó de gozo antes de que la tragedia, la aflicción y el dolor vinieran a tu vida. Dios ya creó tu medio de escape. Él cumplió ya con todo. Por la gracia, ¡es un trato hecho! No estas esperando a que Dios haga algo nuevo. ¡Él espera que reacciones positivamente a lo que Él ya hizo!

Si estás diciendo: "Dios, he hecho esto, he hecho aquello, estoy confesando estas cosas y esperando a que me sanes," entonces ésta es precisamente la razón por la que no estás viendo la manifestación de la salud. ¡Ésta es una actitud incorrecta! En lugar de eso, modifica tu pensamiento y empieza a decir: "Padre, te doy las gracias porque Tú ya me sanaste. Por tus llagas, fui sanado. El mismo poder que resucitó a Jesús de entre los muertos ya está en mí. Por la fe, ¡recibo lo que Tú ya me entregaste!"

"¡Tú Me Ordenas!"

Pedro ni siquiera hizo una oración para pedirle a Dios que sanara al hombre de la puerta del templo. Sólo dijo: "¡De lo que tengo, te doy!" ¿Cómo pudo hacer esto? Pedro sabía que Dios ya lo había hecho. Entendió que el poder sanador de Dios ya fue liberado. El cordero fue sacrificado y el sacrificio perfecto ya había sido hecho. Dios—por la gracia—ya había producido sanidad. Pedro no se preguntó: "¿Lo sanará el Señor?" Porque sabía en su corazón que Dios ya lo había hecho.

La pregunta de hoy es, "¿estás listo para creer y recibir?" Si estás orando por alguien más, debe haber un nivel de fe de su parte. No tiene que ser cincuenta - cincuenta o algo similar. Si eres fuerte en tu fe, puedes apoyar a alguien más. Si están en neutral, por lo menos puedes empujarlos. Pero si están parados con el freno de mano o en reversa y peleando en tu contra, diciendo: "No creo que Dios lo quiera," entonces no podrás lograr que suceda.

Cuando Pedro le predicó a este hombre, primero puso sus ojos en él (Hch. 3:4). Esto quiere decir que lo vio con una mirada penetrante. Pablo hizo lo mismo cuando le predicó al paralítico de Hechos 14:8-10. Mientras lo hacía, percibió que ese hombre tenía fe para ser sanado (Hch. 14:9). Esto es exactamente lo que Pedro estaba haciendo: percibió que ese hombre tenía la suficiente fe para ser sanado si él le ministraba.

Así que Pedro dijo: "Pero lo que tengo te doy" (Hch. 3:6). Cuando comprendes que por la gracia Dios ya lo hizo todo, te volverás audaz y autoritario. Literalmente podrás ordenar que el poder de Dios se manifieste porque no le estás ordenando a Dios mismo que vaya y haga algo. En lugar de eso, estás ordenando que se manifieste en el mundo físico lo que Él ya hizo.

Cuando comprendes cómo la gracia y la fe funcionan unidas, te transformarás en un comandante en vez de un mendigo. ¡La diferencia es enorme!

Así dice Jehová, el Santo de Israel, y su Formador: Preguntadme de las cosas por venir; mandadme acerca de **mis hijos, y acerca de la obra de mis manos** (Is. 45:11,el énfasis es mío).

Acerca de las obras de Mis manos, Dios dijo a Sus hijos, "¡Mandadme!"

¡Prende el Interruptor!

La compañía de luz genera la electricidad en la planta de energía. Después la envían a tu casa. Sin embargo, sea que las luces de tu sala se prendan o no, eso no tiene nada que ver con la electricidad que genera la compañía de luz. El poder está ahí, pero está puesto bajo tu autoridad. Tienes que ir y prender el interruptor en la pared. Cuando lo haces, estás ordenándole a este poder que fluya.

Ya que eres el que le está ordenando al poder que fluya, ¿esto te hace más fuerte que el poder de la compañía de luz? ¡No! ¡Ellos quieren que tú lo hagas! Ya hicieron su parte al generar la electricidad, enviarla a tu casa y ponerla a tu servicio. Prender el interruptor no significa que los estés "forzando" a hacer algo. Lo único que puedes "hacer" que hagan es lo que ya acordaron. No puedes hacer que esta electricidad haga algo para lo que no fue creada.

No puedes forzar a Dios a hacer algo que por la gracia ya lo haya hecho. Dios (la compañía de Luz Padre e Hijo) han hecho Su parte. A través de la redención de Cristo (la planta de poder), todo lo que necesites ya ha sido creado. De hecho, el poder ya ha sido enviado a tu casa (tu espíritu nacido de nuevo). ¡Todo lo que tienes que hacer es prender el interruptor!

Mandadme acerca de mis hijos, y acerca de la obra de mis manos (Is. 45:11). Cuando crees lo que Él hizo y lo alcanzas por fe para apropiarte de ello, estás ordenando que lo que Dios ya proveyó se manifieste.

¡Eres el responsable de prender el interruptor! Si quieres que la luz de tu sala se prenda, no puedes llamar a la compañía de luz y decirle: "Esta noche vienen visitas para una fiesta. ¿Podrías prender la luz de mi sala?" Te contestarían: "¡No! El poder ya fue generado y enviado a tu casa. No vamos a enviar a alguien hasta allá sólo para prender la luz de tu sala. Esto no es nuestro acuerdo. El poder está a tu disposición; ¡prende el interruptor!"

Dios es la fuente de poder, no tú. Es Su poder, no el tuyo. Pero Él puso ese poder dentro de tu espíritu nacido de nuevo. No produjiste el poder, ha sido puesto a tu disposición.

Dios ya proveyó por la gracia todo lo que necesitas, y está a tus órdenes. La fe responde positivamente a lo que Dios ya hizo y se apropia de ello. La fe extiende la mano en el mundo espiritual y atrae al mundo físico lo que Dios ya proveyó. Si entiendes esto, ¡transformarás tu vida!

Excusas, Excusas

La mayoría de la gente está pidiéndole a Dios que haga lo que Él ya hizo. Están implorándole que les dé lo que Él ya les dio. Entonces, después de orar de esta manera con incredulidad, se preguntan por qué no están viendo la manifestación física de su sanidad. Ya que piensan que el Señor puede hacer todo lo que Él desee, se cuestionan: "¿Por qué Él no me ha sanado? Si Dios me quisiera, ¡Él podría sanarme ahora mismo!" Así que salen con toda clase de excusas como, "Dios me está perfeccionando a través de esta prueba". ¡Están equivocados!

Para tener una perspectiva adicional sobre estos temas importantes, quisiera recomendarte algunos materiales de estudio. *La Autoridad Espiritual* realmente te ayudará a resolver estas cosas. También, mis estudios individuales, "El Libro de Job," "Dios No es Culpable," y "La Soberanía de Dios," todos ponen al descubierto esta falsa idea de que el Señor pone sufrimiento en tu vida para enseñarte cosas.

¡Simplemente no es verdad!

La gente llega a conclusiones equivocadas como éstas, para dar sentido a sus experiencias de desilusión. Oran por sanidad, pensando que la fe es algo que hacen para hacer que Dios actúe. Creen que Él evalúa su "fe"—si son lo suficientemente sinceros y si han hecho lo suficiente— y que después Él responde de acuerdo a eso. Debido a que no hay una respuesta aparente, se preguntan: "¿Por qué Dios no responde a mi oración?" Después empiezan a salir con diferentes excusas como: "Quizás Él está tratando de enseñarme algo. A lo mejor no soy lo suficientemente santo. Quizás no he orado lo suficiente. Tal vez tenga pecados en mi vida. A lo mejor tengo que hacer esto o aquello y otras cosas." No, ¡Dios ya hizo Su parte!

Cuando entiendes que Dios ya lo hizo, la culpa se desvanece. ¿Cómo podrías pensar que no eres lo suficientemente santo si Él ya lo hizo? Aun antes de que nacieras ¡Dios proveyó todo lo que necesitarás en la vida, antes de que hicieras algo bueno o algo malo, antes de que fueras vuelto a nacer! Él proveyó, independientemente de ti, por gracia lo que necesitas. Todo lo que tienes que hacer es extender tu mano con fe y recibirlo.

¿Puedes Recibir?

¡Así fue como fuiste salvo! ¿Qué habría sucedido si alguien te dijera que oraras y buscaras a Dios; rogaras y suplicaras por misericordia; ayunaras y vivieras en santidad, diezmaras y fueras serio, sincero y estuvieras lo suficientemente desesperado, y que luego Jesús vendría a morir por tus pecados? Si la salvación se hubiera presentado como algo que puede suceder pero que todavía no ocurre, el diablo fácilmente podría convencerte de que: "Quizás Dios lo pueda hacer y a lo mejor Él ya lo hizo por otros, pero Él nunca lo hará por ti, porque tú eres tan_____ (llena el espacio en blanco)."

Es asombroso pensar que Dios Todopoderoso vino en forma humana, tomó nuestras enfermedades y nuestros pecados, sufrió nuestro castigo, fue al infierno y luego regresó y nos dio, como regalo nuestra salvación. ¡Esto es algo fuera de este mundo! La única manera de que alguien puede creer esto es que ya haya ocurrido y el Espíritu Santo le haya dado testimonio diciendo: "¡Sí, yo lo hice! Sólo tienes que recibir lo que ya hice por ti". Si pensaras que tu salvación todavía se tiene que asegurar y que depende del hecho de que seas o no lo suficientemente bueno, estarías convencido de que: "Esto no va a funcionar conmigo". Pero, como el perdón de tus pecados te fue presentado como un hecho ya cumplido, fuiste capaz de recibirlo.

Lo mismo sucede con cada uno de los beneficios de la salvación, incluyendo la sanidad. Ésta ya fue provista. En la cruz, Jesús llevó todas tus enfermedades, tus dolencias y debilidades al mismo tiempo que Él cargó con todos tus pecados. No tienes que preguntarte: "¿Me sanará Dios?" Así como el perdón, la sanidad ya es un trato hecho. Sólo es cuestión de que puedas alcanzarlo por fe y recibirlo. Si puedes adoptar la actitud de que la sanidad ya fue hecha, esta se manifestará. ¡Alaba al Señor!

CAPÍTULO 7

¡Lo Mejor de Dios!

A principios del 2000, prediqué acerca de la gracia y la fe, en una iglesia de Lewisville, Texas. Es la misma verdad que he enseñado miles de veces. Enfaticé cómo trabaja la fe y contrarresté algunas ideas equivocadas comunes (i.e., "Fe" es creer que Dios hará algo en el futuro). Mientras compartía que la verdadera fe Bíblica es creer en lo que Dios ya hizo por la gracia, usé la salud como mi ejemplo principal.

Chris Ochenski asistió a esa reunión y tomó un cassette del mensaje y se lo llevó a casa a su hija que estaba enferma. Niki amaba al Señor y disfrutaba de una relación íntima con Él. Sin embargo, a los diecinueve años, ya había estado muy enferma durante cinco largos años.

Fe Dirigida Erróneamente

Niki creía que Dios podía sanarla pero todavía no había recibido su manifestación. Veía al Señor en visiones y en ellas Él le decía que sería curada. Por este motivo, tenía fe y se sentía feliz. Niki alababa a Dios aunque su doctor quien la atendía semanalmente, nunca esperó que sobreviviera. ¡Casi perdíamos a Niki!

Aunque tenía fe, estaba mal dirigida. Niki creyó que Dios—en tiempo futuro—la iba a sanar. Estaba pasivamente esperando a que el Señor hiciera algo. Después escuchó mi mensaje en el cassette respecto a cómo Dios ya obró y la fe sólo alcanza y se apropia de lo que ya fue dado. Mi declaración: "¡los milagros progresivos no son lo mejor de parte de Dios!", al principio realmente molestó a Niki.

No estoy en contra de los milagros progresivos, y no hay ninguna "mala" manera de ser sanado. Sin embargo, algunas formas definitivamente son mejores que otras y lo mejor que Dios tiene para cada uno siempre es un milagro instantáneo. La única razón por la que los milagros progresivos ocurren, es por la forma en que la gente cree. Su teología—su forma de pensar—sólo permite una manifestación lenta.

Puesto que el Señor le prometió un milagro progresivo, Niki se ofendió con mi comentario. Pero, debido a que tenía una muy buena relación con Dios, sólo le preguntó al respecto. Mientras escuchaba el cassette, dijo en su corazón: "Ahora bien, Dios, ¿qué con esto? ¡Me dijiste que iba a ser sanada lentamente!" Él respondió diciendo: "Niki, esto es de acuerdo a tu fe. Esto es lo que tú estabas creyendo. Esto era todo lo que podías recibir, así que me estaba poniendo a tu altura. ¡Pero Mi mejor milagro es instantáneo!"

Una vez que Niki lo entendió, vio que pudo haber sido sanada cinco años atrás. Estuvo "esperando" pasivamente a Dios y su fe no estaba en el nivel necesario para recibir una sanidad instantánea. No había entendido cómo la gracia y la fe trabajan juntas para manifestar lo que Dios ya proveyó. Esto fue una revelación para ella y reconoció que su sanidad ya estaba hecha.

La Fe Orientada

Al día siguiente, pasé por la casa de la familia Ochenski. Oré para que Niki se enojara y tomara agresiva y violentamente su sanidad por fe (Mt. 11:12). Hasta ese día, no era capaz de alimentarse, ni de ir al baño ni de peinarse por sí misma. Niki no estaba paralizada, pero sí tan débil y frágil que no podía ni levantar sus manos, mucho menos moverlas, o caminar, o hacer cualquier otra cosa. Sin embargo, después de que llegué, ¡Niki se empezó a enojar tanto que me empujó con su brazo sobre mi pecho, me sacó de su camino, poniéndose de pie y luego caminó!

¡Todo lo que hice fue orientar su fe! Niki había pensado que la "fe" era algo que tenía que hacer y tarde o temprano Dios le respondería y le traería sanidad. Simplemente le dije: "No, esto no es fe Bíblica. Tienes que creer que Dios ya lo hizo. Entonces por fe obtendrás del mundo espiritual lo que legítimamente te pertenece". La sanidad se manifestó —¡Boom!—tan pronto como Niki recibió esta revelación.

¡Esto me fortaleció también a mí! Vi cómo esta revelación puede orientar efectivamente la fe de las personas. Por esto, he estado tratando de compartirlo con tanta gente como he podido. Ya que la sanidad de Niki fue tan dramática para ilustrar esta verdad, hicimos un video, lo llamamos: "Niki Ochenski. ¡La Historia de un Milagro!" Este poderoso video ya ha tocado a decenas de millares de vidas.

He visto más sanidades individuales en los últimos años de las que había visto en mucho, mucho tiempo. Simplemente porque la gente está comprendiendo y diciendo: "Ya no le estoy pidiendo a Dios que me sane; estoy recibiendo mi sanidad, la que Él ya proveyó". Cuando oro por la gente, no le estoy pidiendo a Dios que los sane; en lugar de eso, estoy ministrándoles sanidad. Les estoy dando salud, la misma virtud de sanidad que Dios depositó en mí. Tanto yo mismo como los demás, estamos viendo infinitamente mejores resultados ,¡Gloria a Dios!

¡Alcanza y Recibe!

¡Todo esto también se relaciona con tu prosperidad económica! Dios ya ordenó las bendiciones y el poder sobre ti para hacerte próspero. ¡Sólo tienes que aprender a alcanzarlo con fe y recibirlo!

Dios no te enriquece directamente; en lugar de eso Él te da el poder para obtener riqueza.

Sino acuérdate de Jehová tu Dios, porque Él te da el poder para hacer las riquezas, a fin de confirmar su pacto que juró a tus padres, como en este día (Dt. 8:18).

Como un creyente nacido de nuevo, ya tienes la unción de Dios para hacer riquezas. Tienes el poder de la prosperidad; sin embargo, tienes que creer en tu corazón que ya lo tienes y luego hacerlo obrar con fe.

Muchas cosas están involucradas en el proceso de hacer que el poder trabaje y ver que las riquezas se manifiesten. Primero tienes que buscar sinceramente a Dios y a Su reino (Mt. 6:33). Tienes que confiar en Él y empezar a dar. Es importante entender que siempre hay un período de tiempo entre sembrar y cosechar. También, tienes que salir y trabajar. Hay muchas, muchas cosas prácticas que puedes hacer para cooperar activamente con las leyes de Dios respecto a la fe y la prosperidad.

El Señor ha trabajado estas verdades profundamente en mi vida. Mi esposa y yo sufrimos de hambre en varias ocasiones como jóvenes ministros empobrecidos para luego ver a Dios proveernos un promedio de $1,200 dólares cada hora de cada día del año con el fin de predicar el Evangelio. La prosperidad es simplemente tener suficiente de la provisión de Dios para cumplir totalmente Su voluntad en tu vida. Oro para que te aferres a esta revelación y lleves a cabo totalmente tu destino en Él.

Una vez que entiendas que Dios por la gracia ya proveyó tu prosperidad, empezarás a alcanzarla con fe y a poseerla. Comenzarás a cooperar con el poder y la unción para obtener riquezas que ya están en tu espíritu vuelto a nacer. En vez de sólo orar y pedirle a Dios que arroje un montón de dinero en tu regazo mientras estás sentado en tu casa viendo "Cómo da Vueltas el Estómago" en la televisión, te levantarás, saldrás y empezarás a obtener cosas. ¿Por qué? Porque sabes que ¡Dios ha prometido bendecir toda obra de tus manos! (Dt. 28:8, 12.)

Cuando empieces a hacer cosas creyendo que esta unción se manifiesta y la prosperidad viene, entonces comenzarás a verla. Si sólo te sientas en casa, a orar y esperas que Dios por encanto te ponga dinero en la cartera, nunca lo recibirás. Dios dijo que bendeciría la obra de tus manos. Cien veces cero es cero (100 x 0 = 0). Tienes que creer que Dios ya hizo Su parte y luego tú debes hacer algo. No digas: "Dios, ¿viste que trabajé? Ahora, ¡suelta Tu poder!" ¡No! Estás trabajando porque crees que Dios ya te dio esta unción para obtener riquezas, estás actuando con fe para soltar este poder para manifestar la prosperidad que el Señor te proveyó. ¿Puedes ver la diferencia?

Dios Ya Actuó

La confesión no hace que Dios actúe. Estás mal si piensas que por recitar "Por Sus llagas fui sanado" 599 veces forzarás a Dios para que te sane. ¡No puedes hacer que Dios haga algo! La fe no lo mueve. Dios por gracia ya hizo todo lo que iba a hacer. Ya proveyó todo. Tu necesidad fue satisfecha abundantemente antes de que tú la tuvieras. Puesto que el Señor ya obró, confiesa La Palabra de Dios para animar a tu propio corazón y apartarlo del diablo. Quizás necesites confesar La Palabra 599 veces antes de que realmente la creas (Ro. 10:17), pero Dios no es el que necesita actuar; Él ya lo hizo. La confesión te mueve hacia la fe y quita al diablo de tu camino para que tu manifestación pueda llegar (Ap. 12:11).

¡No tienes que leer la Biblia para hacer que Dios te ame! Él no te va a amar más de lo que Él ya te ama si lees La Palabra, ni tampoco te va a amar menos si no la lees. Sin embargo, amarás más a Dios si lees la Biblia, y lo amarás menos si no lo haces. Su amor no cambia; el tuyo sí. Dios puso cosas en Su Palabra para soltar este amor y todo lo demás que Él ya depositó en tu vida.

Vivir en santidad no hace que Dios te ame más. Tampoco tu falta de santidad provoca que Él te ame menos. Dios—por Su gracia—es el mismo con todos. Sin embargo, si no vives en santidad, no amarás mucho a Dios. A través del pecado, tu corazón se endurecerá y tú mismo te apartarás de las cosas de Dios (He. 3:13).

Necesitas estudiar Su Palabra, tener comunión con los creyentes, y hacer cosas buenas, pero no para que Dios actúe. Él ya actúo, pero debes reconocer que con fe debes alcanzarlo en el mundo espiritual y recibirlo. Asistir a la iglesia, leer La Palabra y escuchar una buena enseñanza Bíblica no hace que Dios actúe en tu vida; estas cosas ¡ayudan a tu fe!

Leer este libro no hará que Dios te ame más. Él no va a mirar hacia abajo y decirte: "¡Leíste el libro de Andrew! Te voy a dar tres estrellas. A la sexta estrella, ¡recibirás la respuesta a una oración!" ¡No, así no es como Él trabaja! El Señor te ama y Su gracia es la misma hacia ti, leas o no este libro. No obstante, no serás el mismo hacia Dios y su gracia sin este conocimiento. Sin esta revelación, no tendrás el mismo nivel de fe operando en tu vida. Esta enseñanza está ayudando a tu fe—es tu respuesta positiva a lo que Dios ya hizo.

Leer la Biblia y asistir a la iglesia te ayuda a ti. El estudio de La Palabra y la comunión con otros creyentes reavivarán tu amor por Dios (He. 10:23-25). Sin embargo, el Señor te amaría exactamente igual si nunca regresaras a la iglesia o no volvieras a leer La Palabra. ¡Pero no hacer esto último es tonto! ¿Por qué habrías de alejarte de las muchas cosas que Dios te ha dado para ayudarte a caminar por fe?

La Fe Responde a la Gracia

Aunque necesitas hacer estas cosas, nunca pienses que tus acciones harán que Dios reaccione. Él nunca reacciona a nosotros. Dios ya hizo todo por Su gracia, y la fe es nuestra reacción hacia Él. La carne, las obras y el legalismo tratan de hacer cosas para obtener una respuesta positiva de parte de Dios. Pero el Señor dijo que Él nunca compartiría Su gloria con nadie. Tú no "hiciste" que Dios te salvara, te sanara o te diera prosperidad. Él ya lo hizo. Todo lo que hiciste fue responder positivamente con tu fe para alcanzar y apropiarte de lo que Él ya te proveyó.

No confundas el tratar de "hacer" con tu fe que Dios haga algo, con el poder lograr que lo que Él ya hizo se manifieste. No puedes forzar a Dios para que haga algo. Pero—con fe—puedes hacer que lo que Él ya proveyó se manifieste. ¡Ésta es la gran diferencia!

La fe simplemente es la respuesta positiva a lo que Dios ya hizo. Tú no obtienes la gloria. No puedes decir que hiciste que algo sucediera. Fue el poder de Dios, no el tuyo. Él no estaba reaccionando a ti o a algo que tú hayas hecho. ¡Simplemente tú respondiste a Su gracia!

Si la fe o la gracia se toman separadas una de la otra, ¡eso te matará! Deben complementarse para que vivas la vida abundante que Dios planeó que disfrutaras. Si la enseñanza de la fe sólo fuera

"¡haz algo para que Dios actúe!" Te mataría. Terminarías atorado en la carne—frustrado, legalista y dirigido sólo a las obras. Por otra parte, la gracia extrema también te matará. Si ésta es: "Dios hace todo y tú no tienes nada que hacer," tu pasividad subsecuente impedirá la manifestación de lo que el Señor ya ha hecho en tu vida. Después tendrás que inventar toda clase de excusas para justificar por qué no estás experimentando la vida abundante que Dios te proveyó con su gracia y claramente prometió en Su Palabra. ¡La gracia y la fe deben trabajar unidas!

"He Trabajado Más que Todos"

Pablo entendió esta verdad y vivió por ella.

Pero por la gracia de Dios soy lo que soy; y su gracia no ha sido en vano para conmigo, antes he trabajado más que todos ellos; pero no yo, sino la gracia de Dios conmigo (1 Co. 15:10).

Pablo cooperó con la Gracia de Dios. Él no trabajó para obtenerla, pero una vez que la gracia vino, trabajó con fe para alcanzar y recibir lo que Dios ya había hecho. ¡Ésta es una revelación poderosa!

Oro para que Dios te dé entendimiento y sabiduría mientras comienzas a armonizar esta revelación de la gracia y la fe y puedes aplicarla en tu vida diaria. El resto de este libro construirá sobre los cimientos que se han puesto hasta aquí. Estaré compartiendo algunas cosas que realmente te animarán y te ayudarán a lograr el éxito.

CAPÍTULO 8

Viendo en el Espíritu

Y a estamos bendecidos (Ef. 1). Dios ya lo hizo, Él ya nos bendijo con toda bendición espiritual en Cristo (Ef. 1:3). Tenemos el mismo poder que resucitó a Jesucristo de entre los muertos viviendo dentro de nosotros (Ef. 1:19, 20). Todo lo que necesitamos ya ha sido provisto. No es cuestión de pedirle a Dios que lo haga, pero sí de creer que ya está hecho y de permitir que se manifieste.

Dios—por Su gracia—ya lo hizo todo. La fe no es algo que hacemos para que Dios actúe. Mas bien, es nuestra respuesta positiva a lo que Él ya hizo. Puesto que Dios ya lo hizo, la fe es simple; no es un problema. No tenemos que hacer todas estas cosas para torcer el brazo de Dios. La fe es simplemente nuestra respuesta positiva a lo que Dios ya hizo.

"¿Cómo Puede Ser Esto?"

Mucha gente se pregunta, *¿Cómo puede ser esto?* Es como si sus circuitos sobrecargados empezaran a explotar. Dicen: "Soy miserable, estoy luchando contra la depresión. No entiendo cómo puedes decir que el Señor ya hizo todo lo que Él va a hacer y que ya fui sanado. Esto no puede ser cierto. Aquí está el reporte del doctor. ¡Esto prueba que eso está mal!" O como si sintieran dolor y otros síntomas en sus cuerpos y concluyeran: "No, yo no estoy curado". Para muchos, estas verdades están simplemente más allá de sus creencias, porque son obviamente contrarias a lo que están viviendo actualmente en su mundo físico.

Sin embargo la Biblia claramente enseña que Dios ya te bendijo. Y que tienes el mismo poder que resucitó a Jesucristo de entre los muertos. Todo está consumado, ya lo tienes. Así que probablemente te preguntarás: "Si todo esto es verdad, entonces, ¿dónde está?" ¡En el mundo espiritual!

Dios ya actuó y nos bendijo con toda bendición espiritual. Todo lo que necesitaremos—gozo, paz, sabiduría, conocimiento revelado, etc., ya ha sido provisto. Pero todo está en el mundo espiritual.

Si no puedes entender que todo lo que Dios ya proveyó para ti está en el mundo espiritual, entonces te perderás de esta verdad que te estoy compartiendo. ¿Por qué? Porque el mundo físico no refleja exactamente lo que es verdad en el mundo espiritual. La fe actúa como un puente para traer lo que es verdad y real en el mundo espiritual al mundo físico. La verdad es, que muy pocos creyentes permiten que su fe sea ese puente para que lo que Dios ya ha hecho se pase al reino físico. Simplemente no vemos mucha manifestación de esto.

Mi Nueva Identidad

Una de las primeras cosas que el Señor me dio, fue una clara revelación de la verdad acerca de que me volví justo. No fue una justicia que gané a través de mis obras, sino un regalo que Él me dio basado en Su obra (2 Co. 5:21). No lo recibí por vivir en santidad y por hacer todo bien. Cuando nací de nuevo, Jesucristo mismo se volvió mi justicia (1 Co. 1:30). Mi espíritu nacido de nuevo fue "creado en la justicia y santidad de la verdad" (Ef. 4:24). Mi nueva naturaleza fue creada para ser justa. No es algo en lo que me voy a convertir o en lo que me voy a desarrollar. En mi espíritu, soy justo. ¡Así como todo creyente que ha vuelto a nacer!

Vi esta verdad en La Palabra y en mi corazón, pero no la pude percibir en mi experiencia. Me vi en el espejo y lo que vi fueron granos, arrugas y protuberancias. Mis sentimientos y pensamientos incluían enojo, amargura, codicia y muchas otras cosas a veces desagradables. Al considerar todo esto, sabía que yo no era como Jesús. En ese momento, pensé que cuando la Biblia hablaba de ser justo—de una posición correcta con Dios—quería decir sin pecado, perfecto en mis pensamientos, en mis sentimientos y en mis acciones. Así que, diligentemente busqué en mis acciones (cuerpo), en mis pensamientos y en mis sentimientos (mundo emocional, mental, también conocido como el alma) pero todavía no podía percibir esta justicia. Realmente batallé con esto por mucho tiempo. Después el Señor me dio revelación en relación al espíritu, el alma y el cuerpo. (Para un estudio más extenso, véase *Espíritu, Alma y Cuerpo*).

A través de esta revelación de espíritu, alma y cuerpo, me di cuenta que cuando la Biblia me llama justo, está hablando de mi espíritu nacido de nuevo—no de mis pensamientos, sentimientos, acciones y mi cuerpo. Empecé a entender que en mi espíritu, he sido totalmente cambiado. Soy una nueva criatura. ¡Hay un nuevo yo!

De modo que si alguno está en Cristo, nueva criatura es; las cosas viejas pasaron; he aquí todas son hechas nuevas (2 Co. 5:17).

Empecé a reconocer que en mi espíritu, ¡me volví una persona completamente nueva!

Cuando dejé de ser guiado por lo que veía en el espejo, por mis pensamientos y mis acciones, comencé a experimentar éxito en mi vida Cristiana. Conforme ajusté mi identidad a lo que La Palabra dice que soy en el espíritu, empecé a disfrutar de la manifestación de la promesa de una vida abundante (Juan 10:10). ¿Cómo sucedió esto? ¡A través de La Palabra de Dios!

"Así Somos Nosotros en Este Mundo"

La Palabra de Dios es la única representación confiable, exacta, del mundo espiritual. Jesús declaró:

El espíritu es el que da vida [te hace vivir]*; la carne para nada aprovecha; las palabras que yo os he hablado son espíritu y son vida* (Juan 6:63, corchetes míos).

La Palabra de Dios es espiritual. La Biblia nos dice lo que verdaderamente está pasando en el mundo espiritual.

Por esto algunas personas batallan tanto para entender La Palabra de Dios. ¡Están tratando de percibir en el mundo natural lo que la Biblia está diciendo de su espíritu! Por ejemplo, 1 Juan 4:17: "Pues como Él es [Jesucristo], así somos nosotros en este mundo" (corchetes míos). No está hablando de nuestras acciones (cuerpo) o nuestros pensamientos y sentimientos (alma), porque La Palabra de Dios revela con claridad que algún día (en el futuro, cuando llegues al cielo), tu cuerpo y tu alma (corruptibles) completarán el proceso de la perfección (serán incorruptibles) (1 Co. 13:9-12, 15:50-54). Sin embargo, Cristo es perfecto ahora mismo. Entonces, ¿cuál parte de ti ya es perfecta tal como Jesús es? ¡Tu espíritu nacido de nuevo!

Así como Jesús es justo en este momento, así eres tú en este mundo. No está hablando de cuando llegues al cielo. Está hablando de ahora mismo aquí en la Tierra. No puedes decir que estás actuando exactamente como Jesús. A lo mejor estás actuando mejor que yo, o mejor de lo que jamás lo has hecho antes, pero no estás actuando física, emocional y mentalmente exactamente como Jesús. La única manera de entender 1 Juan 4:17 es dándote cuenta de que está hablando de tu espíritu nacido de nuevo. En tu espíritu, eres una persona completamente nueva. El verdadero tú, quien serás por toda la eternidad, es quien eres hoy en Cristo. Vivir a partir de quien eres en Cristo es a lo que La Palabra se refiere cuando dice "andad en el espíritu" (Gá. 5:16). Si comienzas a hacer esto, entonces encontrarás el poder de Dios reflejado en tu vida.

El Espejo Espiritual

La Palabra de Dios es un espejo espiritual. Cuando revisas hacia adentro, ves quién eres en el espíritu (2 Co. 3:18). Éste siempre refleja a "Cristo en ti, la esperanza de gloria" (Col. 1:27). Esto brinda luz adicional a Santiago 1:22-25 (los corchetes son míos):

Pero sed hacedores de la Palabra, y no tan solamente oidores, engañándoos a vosotros mismos. Porque si alguno es oidor de la Palabra pero no hacedor de ella, éste es semejante al hombre que considera en un espejo su rostro natural. Porque él se considera a sí mismo, y se va, y luego olvida cómo era. Mas el que mira atentamente en la perfecta ley, la de la libertad [la Palabra, especialmente el Nuevo Testamento], *y persevera en ella, no siendo oidor olvidadizo, sino hacedor de la obra, éste será bienaventurado en lo que hace.*

Conforme ves en el espejo (La Palabra de Dios), y descubres tu identidad en Cristo (quién eres espiritualmente) y luego actúas con este conocimiento en fe, verás la manifestación de la vida de Dios en ti.

Si te dijera que tu cabello está despeinado, ¿cómo sabrías si lo está o no? No puedes contestar esta pregunta con base en lo que sientes. La única manera de contestarla es viéndote en el espejo. Después lo crees y actúas en consecuencia. Si algunos cabellos están fuera de su lugar, te los peinas. Confías que el espejo te dice la verdad.

Sin embargo, lo que ves en el espejo es un reflejo; no es lo real. Realmente nunca has visto tu cara antes. Es verdad; ¡piensa en esto! A lo mejor has visto tu reflejo en un espejo, en una fotografía o lo has visto en un dibujo, pero nunca has visto directamente tu propia cara. ¿Cómo puedes saber que estas representaciones de tu cara son exactas? ¿No has visto esos espejos graciosos en un circo o en un carnaval? Todos saben que "retocan" las fotografías de las personas en las revistas de las tiendas de autoservicio, y el dibujar caricaturas hasta es considerado una forma de arte. No obstante, tienes que confiar que la imagen que estás viendo en el espejo es verdad.

Es lo mismo cuando te ves en tu espejo espiritual de La Palabra de Dios. La Palabra te dice quién eres y lo que tienes en Cristo. Esto revela verdades espirituales y lo que está sucediendo en tu mundo espiritual. Si quieres experimentar vida y paz, entonces tienes que tener una mentalidad espiritual.

Porque el ocuparse de la carne [no necesariamente en forma pecaminosa, sino en forma natural] *es muerte, pero el ocuparse del Espíritu es vida y paz* (Ro. 8:6, los corchetes son míos).

Nunca podrás empezar a operar en las cosas sobrenaturales de Dios mientras seas dominado por el mundo natural (lo que puedes ver, probar, oír, oler y sentir). Si no puedes creer más allá de lo que tus cinco sentidos te dicen (o confirman), entonces estás predispuesto carnalmente. Si todo debe ser probado en un tubo de ensayo, científicamente antes de que creas que existe, entonces quedarás atrapado en el mundo natural. Dios es un Espíritu, y Él se mueve en el mundo espiritual (Jn. 4:24). Para fluir con Dios en lo sobrenatural y disfrutar de vida y paz, tienes que cambiar a una mentalidad espiritual.

CAPÍTULO 9

El Mundo Espiritual Es Real

Algunas personas ven lo que Dios hizo en las Escrituras, pero luego se les atraviesa este obstáculo: "La Palabra dice que yo ya tengo todo, pero no me veo bendecido, no me siento sano y a decir verdad no parece que tango el poder y la unción de Dios. ¡No siento hormigueo en mis manos ni nada! ¿Cómo puedes decir que puedo sanar al enfermo, resucitar al muerto y, otras cosas por el estilo?" Esto está en el mundo espiritual, no en el mundo físico. Éstos son dos mundos diferentes.

En 2 de Reyes 6, el rey de Siria estaba peleando contra el rey de Israel. Enviaba emboscadas para destruir al rey del ejército Israelita. Sin embargo, cada vez que hacía esto, otra emboscada lo estaba esperando a él. Parecía que el rey de Israel sabía de antemano el plan de batalla del rey de Siria.

Después de que esto sucedió varias veces, el rey de Siria quedó perplejo.

Y el corazón del rey de Siria se turbó por esto; y llamando a sus siervos, les dijo: ¿No me declararéis vosotros quién de los nuestros es del rey de Israel? (2 R. 6:11).

Básicamente, preguntó: "¿Quién es el traidor? ¡Alguien aquí debe de ser un espía!"

Entonces uno de los siervos dijo: No, rey señor mío, sino que el profeta Eliseo está en Israel, el cual declara al rey de Israel las palabras que tú hablas en tu cámara más secreta (2 R. 6:12).

Eliseo, quien estaba escuchando a Dios, continuó diciéndole al rey de Israel lo que estaba sucediendo. El rey confió en lo que el profeta estaba viendo y escuchando en el espíritu, y actuó según su consejo. Por lo tanto, era capaz de derrotar al ejército de Siria vez tras vez.

Verdad Espiritual en Contraste con la Verdad Física

Así que el rey de Siria decidió perseguir a Eliseo.

Entonces envió el rey allá gente de a caballo, y carros, y un gran ejército, los cuales vinieron de noche, y sitiaron la ciudad [donde Eliseo estaba]. Y se levantó de mañana y salió el que servía al varón de Dios, y he aquí el ejército que tenía sitiada la ciudad, con gente de a caballo y carros. Entonces su criado le dijo: ¡Ah, señor mío! ¿qué haremos?
2 Reyes 6:14, 15, los corchetes son míos.

Ésta es una forma de decir en inglés antiguo que se aterró.

Este hombre vio los ejércitos, discernió por qué estaban ahí y tuvo miedo. Sabía que su señor, Eliseo, le había estado dando al rey de Israel los planes de batalla del rey de Siria. Pero fíjate cómo responde el profeta:

Él le dijo: No tengas miedo, porque más son los que están con nosotros que los que están con ellos (2 R. 6:16).

Ahora bien, la gente que no comprende que hay más en la vida que lo que puedes ver, probar, oír, oler y sentir, dirían de Eliseo: "¡Mintió!" Para ellos, simplemente no hay una realidad más allá del mundo físico. Por lo tanto, no entienden a la gente que está operando con fe. Suponen que un creyente sólo esta diciendo que fue sanado—cuando realmente no lo está—con la esperanza de que así ocurra. Una vez escuché a un predicador decir: "tienes que decir que es, cuando no lo es, para que así sea." ¡No es verdad! Éstas son sólo mentiras, engaños y juegos mentales. La persona con fe simplemente está describiendo lo que es verdad en su espíritu aunque aún no se haya manifestado en el mundo físico.

Necesitas darte cuenta de que la verdad espiritual y la verdad física no siempre coinciden. Sin embargo, si crees, si hablas y actúas a partir de una verdad espiritual, ésta superará la verdad física. Tu inquebrantable fe en La Palabra eterna de Dios hace que cambie el adverso ámbito temporal. Así es cómo lo que ya es verdad en el espíritu se convierte en una realidad física.

Una persona que genuinamente está actuando con fe confiesa lo que Dios ya hizo en el espíritu. Así es cómo una persona está diciendo la verdad cuando dice: "¡Estoy bendecido! Yo tengo todo lo que necesito. Soy una persona próspera," inclusive cuando su chequera está en números rojos. Así es cómo cualquiera podrá declarar: "Por sus llagas, fui sanada. Ya he sido sanada. ¡Gracias, Jesús!," cuando su cuerpo sufre de dolor y de otros síntomas. No sólo está "fingiendo hasta que se quiten". Mientras continúa creyendo, lo que es verdad en el espíritu finalmente se manifestará en el mundo físico.

¡Esto es lo que Eliseo hizo! "Le dijo: No tengas miedo, porque más son los que están con nosotros que los que están con ellos" (2

R. 6:16). El profeta podría haber estado mintiendo si este mundo físico fuera toda la realidad—lo que puedes ver, probar, oír, oler y sentir. Pero, por supuesto, hay un mundo espiritual real.

"Señor, Abre Sus Ojos"

No obstante, el siervo de Eliseo no estaba operando en la fe de la misma manera que su señor. Aparentemente, la respuesta confiada del profeta lo impresionó. Así qué Eliseo oró:

Te ruego, oh Jehová, que abras sus ojos para que vea. Entonces Jehová abrió los ojos del criado, y miró; y he aquí que el monte estaba lleno de gente de a caballo, y de carros de fuego alrededor de Eliseo (2 R. 6:17).

Los ojos físicos de este joven estaban bien abiertos. Apuesto que estaban tan grandes como platillos, viendo a todos esos Sirios que los iban a atacar. Pero Dios abrió los ojos de su corazón para que pudiera ver en el espíritu. Esto fue lo que le permitió percibir a todos los caballos y los carros de fuego alrededor suyo.

Tienes la habilidad para ver lo que no se ve. No te limites sólo con lo que puedes ver con tus ojos naturales. A través de la Palabra de Dios, ve más allá de este mundo físico. ¡Con los ojos de tu corazón puedes ver en el espíritu!

Jesús usó este mismo razonamiento cuando dijo: "El que tiene oídos para oír, oiga" (Mt. 11:15). Todas las personas que escuchaban tenían oídos físicos en sus cabezas y escuchaban lo que Él decía. Pero Jesús se estaba refiriendo a aquellos que podían escucharle con sus corazones y recibir Sus palabras en lo más profundo de su ser.

Para caminar con Dios y hacer proezas, necesitas ser capaz de percibir cosas en tu corazón que no puedes percibir con tus cinco sentidos naturales. Esto es lo que Eliseo pidió en oración para su siervo. Dios le respondió y los ojos espirituales del hombre se abrieron para ver la multitud de ángeles que lo rodeaban.

Cuando el siervo los vio no fue cuando los ángeles llegaron. Ya estaban ahí. Pero él no estaba consciente de ello.

Creer Para Ver

La Palabra no nos da indicios de que Eliseo también tuviera sus ojos espirituales abiertos. Él no vio esto, porque no lo necesitaba. Él lo creyó basado en las promesas de Dios.

Dios ya había dado muchas promesas en ese tiempo. David era un profeta antes de eso y había escrito muchas cosas, incluyendo:

Pues a sus ángeles mandará acerca de ti, que te guarden en todos tus caminos. En las manos te llevarán, para que tu pie no tropiece en piedra (Sal. 91:11, 12).

También había muchas otras promesas sobre los ángeles. Además, Eliseo había visto físicamente los caballos y los carros de Dios con anterioridad (2 R. 2:11, 12). Aparentemente, Eliseo sólo creyó. Él no tenía que ver.

Como creyentes tenemos muchas verdades espirituales y realidades dentro y alrededor de nosotros que la mayoría nunca ha percibido. Dominados por una mentalidad carnal, limitamos lo que creemos a lo que podemos percibir con nuestros cinco sentidos naturales. Tenemos que ir más allá del mundo físico y comenzar a reconocer que ¡hay un mundo espiritual real!

En el espíritu, Dios ya te sanó. Ya ha ordenado Su bendición sobre ti. Te ha estado dando gozo, paz y amor. Todas estas cosas y mucho más están en ti en abundancia—en tu espíritu nacido de nuevo. Pero antes de que veas estas cosas externamente (manifestadas físicamente), tienes que verlas internamente (con los ojos de tu corazón).

El mundo espiritual no es falso. No es un mundo de fantasía. ¡Es realidad! De hecho, el mundo espiritual creó el mundo físico. Todo lo que podemos ver y tocar—lo visible—fue creado de lo invisible.

Por la fe entendemos haber sido constituido el universo por la palabra de Dios, de modo que lo que se ve fue hecho de lo que no se veía (He. 11:3).

Dios tomó la substancia espiritual—cosas que eran reales en el mundo espiritual—y creó todo en el mundo físico. El reino espiritual es la fuerza generadora. Y la fuerza generadora siempre es mayor. El Creador siempre es más grande que la creación. Desde el punto de vista eterno de Dios, el mundo espiritual es más real que el natural.

Eliseo entendió esto. Puesto que él creyó que estaba rodeado de protección angelical, caminó valientemente en medio del enemigo, levantó sus manos y los hirió con ceguera. Inmediatamente comenzaron a andar a tientas alrededor en la oscuridad. Eliseo ordenó que se tomaran de las manos y los dirigió en fila directamente al rey de Israel. Después oró y sus ojos fueron abiertos (2 R. 6:18-20). Eliseo tomó todo el ejército Sirio cautivo porque creía en el poder que estaba dispuesto para él en el mundo espiritual. Sabía que estaba ahí y lo utilizó. Eliseo no usó ni una sola arma natural para llevar esto a cabo— sólo armas espirituales. ¡El mundo espiritual es real!

CAPÍTULO 10

Donde Dios Se Mueve

D aniel también ejemplifica la realidad del mundo espiritual. Oró para recibir conocimiento revelado acerca de la profecía de Jeremías, la cual en ese momento no parecía que se estuviera cumpliendo (Dn. 9:2).

Toda esta tierra será puesta en ruinas y en espanto; y servirán estas naciones al rey de Babilonia setenta años (Jer. 25:11).

Más de setenta años ya habían pasado. Sin embargo, el Señor le mostró a Daniel más adelante en el mismo capítulo, que realmente eran setenta semanas de años (490 años), no setenta años (Dn. 9:24).

Así que Daniel pidió esta revelación y comenzó a orar:

"Y volví mi rostro a Dios el Señor, buscándole en oración y ruego, en ayuno, cilicio y ceniza. Y oré a Jehová mi Dios e hice confesión diciendo..." (Dn. 9:3, 4).

Su oración continúa hasta el versículo 19:

"Oye, Señor; oh Señor, perdona; escucha, Señor, y hazlo; no tardes, por amor de ti mismo, Dios mío; porque tu nombre es invocado sobre tu ciudad y sobre tu pueblo."

Tres Minutos

"Aún estaba hablando y orando, y confesando mi pecado y el pecado de mi pueblo Israel, y derramaba mi ruego delante de Jehová mi Dios por el monte santo de mi Dios; aún estaba hablando en oración, cuando el varón Gabriel [el mismo ángel que se le apareció a Zacarías y a María en Lucas 1:19, 26-28], *a quien había visto en la visión al principio, volando con presteza, vino a mí como a la hora del sacrificio de la tarde. Y me hizo entender, y habló conmigo, diciendo: Daniel, ahora he salido para darte sabiduría y entendimiento."*

Daniel 9:20-22, corchetes míos

Se tomó Daniel tres minutos para hacer esta oración (Dn. 9:4-19). Mientras todavía estaba orando, el ángel Gabriel se apareció y anunció: "¡He venido con tu respuesta!" ¿No sería maravilloso si todo por lo que has orado se manifestara en tres minutos?

Observa en realidad cuándo fue que Dios respondió:

Al principio de tus ruegos fue dada la orden, y yo he venido *para enseñártela, porque tú eres muy amado. Entiende, pues, la orden, y entiende la visión* (Dn. 9:23, el énfasis es mío).

Dios actuó en el mundo espiritual y dio la orden desde el inicio de la oración de Daniel, sin embargo Gabriel se tomó aproximadamente tres minutos para aparecer.

¿Por Qué No La Manifestación Instantánea?

La mayoría de las personas suponen que Dios no tiene que tratar con cosas como: tiempo, espacio o distancia. Sin embargo, éste es un claro ejemplo bíblico donde Dios le dio una orden a uno de Sus ángeles y a éste le tomó aproximadamente tres minutos para aparecerse. Éste no es un período de tiempo largo, pero claramente revela que Dios actuó en el mundo espiritual antes de que hubiera una evidencia física de esto.

La mayoría de la gente cree que cuando es por la voluntad de Dios que algo suceda, en el preciso momento en que Él lo piensa—¡BOOM!—hay una manifestación instantánea en el mundo natural. No creen que el Señor tenga que ver con algunas restricciones o límites. Sin embargo, este ejemplo muestra a Dios dando la orden que tomó aproximadamente tres minutos en manifestarse.

La Biblia no explica qué fue lo que estaba sucediendo durante ese período de tiempo. A lo mejor Gabriel necesitaba empacar. Quizás estaba hasta el otro lado del universo y le tomó tres minutos cubrir cien billones de años luz. Quién sabe lo que estaba pasando. Pero esto establece el principio de que Dios ordenó esto en el mundo espiritual antes de que hubiera una manifestación física.

En el capítulo 10 Daniel vuelve a orar. Podríamos pensar que la fe y el corazón de Daniel se fortalecieron después de recibir tan poderosa y relativamente rápida respuesta en el capítulo 9. Aunque fue el mismo hombre el que oró, los resultados fueron muy diferentes.

Oposición Demoníaca

Me gusta usar a Daniel como un ejemplo de cómo Dios responde a las oraciones. Si yo ilustrara este tema con un ejemplo de mi vida, sentirías la tentación de descartarlo diciendo: "Bien Andrew, eres diferente de mí. Tú tienes que ser uno de los favoritos de Dios. A algunas personas Él les responde mejor que a otras". No puedes decir esto acerca de Daniel. Este mismo hombre oró y recibió dos resultados totalmente diferentes.

Esta vez transcurrieron tres semanas—no tres minutos—antes de que Daniel viera la manifestación de aquello por lo que él había orado.

"En aquellos días yo Daniel estuve afligido por espacio de tres semanas. No comí manjar delicado, ni entró en mi boca carne ni vino, ni me ungí con ungüento, hasta que se cumplieron las tres semanas" (Dn. 10:2, 3).

Daniel ayunó y oró de nuevo pero el resultado fue peor, no mejor.

Y he aquí una mano me tocó, e hizo que me pusiese sobre mis rodillas y sobre las palmas de mis manos. Y me dijo: Daniel, varón muy amado, está atento a las palabras que te hablaré, y ponte en pie; porque a ti he sido enviado ahora. Mientras hablaba esto conmigo, me puse en pie temblando.

Daniel 10:10, 11

¿Por qué Dios responde algunas oraciones en tres minutos y otras en tres semanas? ¿Alguna vez te has preguntado esto? ¿Alguna vez has visto a Dios hacer algo rápidamente para ti y en otras ocasiones lo has visto hacerlo en semanas, meses, aun años? En todo este tiempo que permaneces firme, crees y te haces las siguientes preguntas: *¿Dios por qué estás haciendo esto? ¿Por qué te tardas tanto en responder mi oración?* Pues bien, ésta es una pregunta inválida. El siguiente versículo muestra el por qué.

Entonces me dijo: Daniel, no temas; porque desde el primer día *que dispusiste tu corazón a entender y a humillarte en la presencia de tu Dios,* fueron oídas tus palabras; *y a causa de tus palabras yo he venido* (Dn. 10:12, el énfasis es mío).

Dios dio la orden y respondió desde el primer día, pero esto no se manifestó sino hasta tres semanas después. ¿Por qué? ¡Había oposición demoníaca!

Mas el príncipe del reino de Persia [un poder demoníaco] *se me opuso durante veintiún días* [tres semanas]; *pero he aquí Miguel, uno de los principales príncipes* [otro ángel; ver Judas 9 y Ap. 12:7], *vino para ayudarme, y quedé allí con los reyes de Persia* (Dn. 10:13, los corchetes son míos).

Fue necesaria ayuda adicional y tres semanas más para que este mensajero angelical quebrantara la oposición demoníaca y manifestara la respuesta dada a Daniel.

Cosas Que Obstaculizan

Dios actuó instantáneamente en ambas ocasiones. No es que Él haya respondido la primera vez en tres minutos y la segunda vez en tres semanas. Dios respondió la oración de Daniel inmediatamente en ambas ocasiones. Dios no era la variable. Él no cambió. Dios permaneció constante. En el Antiguo Pacto, Daniel estaba viendo hacia el futuro con fe en lo que Jesús haría. Hoy, como creyentes del Nuevo Testamento, vemos hacia atrás, a lo que Dios ya hizo a través de Cristo. ¡Es un hecho!

Dios no responde algunas oraciones en tres minutos y otras en tres semanas. ¡El Señor contesta todo inmediatamente! La provisión ya está ahí. Ya ha sido hecha. La provisión fue hecha antes de que tuvieras necesidad. No es que Dios esté actuando en forma diferente con cada persona. Más bien, es la gente la que recibe de diferente manera. Dios ya hizo Su parte, pero hay cosas que impiden que lo que Él hizo en el mundo espiritual venga al mundo físico.

Mucha gente supone equivocadamente que el diablo es todo poderoso y que sabe todas las cosas. En la práctica, ¡creen que Satanás es más fiel que Dios! No están seguros de si el Señor responderá a sus oraciones, aun si hacen todo correctamente. Pero están absolutamente convencidos de que el diablo los devorará si hacen mal alguna cosa pequeña. Piensan que el diablo siempre está ahí y nunca falla en alguna trampa. "El enemigo está haciendo esto y Satanás está haciendo aquello. Está diciendo esto y diciendo aquello. ¡Bla, bla, bla!"

Necesitas reconocer que sólo hay un diablo y él no es omnipresente. Sólo puede estar en un lugar a la vez. Así que para cada creyente que dice que Satanás le habló personalmente y lo tentó cada día, eso es absolutamente falso. Seguro, el reino de las tinieblas está en nuestra contra, pero le damos al diablo demasiado crédito. No es todo poderoso. No siempre hace las cosas adecuadamente.

Es muy posible que el diablo haya perdido en Daniel 9. Quizás se estaba lamiendo sus heridas, enfurruñándose, poniendo mala cara y juzgó mal qué tan peligroso era Daniel. A lo mejor Satanás estaba de vacaciones. Tal vez estaba cansado y adormilado. Le damos al diablo mucho reconocimiento. Si alguien pelea contra Dios seguramente no es tan brillante. No estoy diciendo que es tonto, sólo que algunas veces falla.

La Variable

Así que en el capítulo 9, la oración de Daniel llegó a Dios y Gabriel se apareció con la respuesta en tres minutos. ¡Satanás no era un elemento a considerar! Pero después de que Daniel recibió tan poderosa revelación y profetizó varios elementos importantes respecto al Mesías, el diablo organizó sus tropas para asegurarse de que Daniel no volviera a orar otra vez sin oposición.

Satanás—no Dios ni Daniel—era la variable. Algunas veces pelea contra nosotros, otras no lo hace. Desconozco todas las razones de esto, pero le damos al diablo demasiado crédito cuando pensamos que es constante y que siempre hace las cosas bien. ¡Satanás falla muchas veces!

Las Escrituras no dan ninguna indicación de que los demonios se reproducen y tienen bebés. Por lo tanto, es confiable decir que el número de espíritus malos trabajando en la tierra no ha aumentado al pasar los siglos y los milenios. O había un gran número de demonios por persona, allá en los días de Eva y Adán, o hay una escasez de demonios hoy. Por lo menos hay seis mil millones de personas ahora sobre el planeta. Si cada uno tiene un demonio personal, volviendo a los primeros días, debió haber seis mil millones de ellos atacando a Eva, Adán y a sus hijos. Sin embargo, si no había tantos al empezar, entonces hoy hay una escasez de demonios que andan por ahí. Personalmente, no creo que el diablo pueda hacer todo lo que se propone. No es ilimitado en su habilidad para pelear contra nosotros. Pienso que Satanás pierde algunas batallas por falta de personal.

Así que Daniel, por la razón que sea, llevó su oración a Dios sin resistencia en el capítulo 9, pero Satanás estorbó su oración en el capítulo 10. Cuando la mayoría de los creyentes oran hoy y no ven una manifestación inmediata de su respuesta, se enojan con Dios y se preguntan qué es lo que sucede. En vez de que tú digas: "Oh Dios, he orado y nada ha sucedido. ¿Cuándo me contestarás?" Ora: "Padre, sé que eres fiel. Gracias por responderme. ¡Sé que ya casi se manifiesta!" ¡No pierdas tu fe sólo porque has estado esperando tres semanas por la manifestación!

El Puente

¿Qué hubiera sucedido si Daniel se hubiera alejado de la fe y ya no hubiera orado en el día veinte en el capítulo 10? Fácilmente pudo haber razonado: "Bien, Dios respondió mi oración la última vez en tres minutos. Pero esta vez, mañana van a ser tres semanas enteras. ¡Me rindo!" Si Daniel hubiera hecho esto, la respuesta a su oración nunca se habría manifestado. Aun cuando Dios dio la orden y el mensajero estaba en su camino, la oposición demoníaca hubiera prevalecido si Daniel hubiera renunciado a su fe.

Dios hace las cosas de acuerdo al poder que actúa en nosotros (Ef. 3:20). ¡Por esto tenemos que creer! La fe es el puente que la provisión de Dios utiliza para cruzar del mundo espiritual al físico. Debemos proveer ese puente. Dios es Espíritu, y Él se mueve en el mundo espiritual (Jn. 4:24). Si lo que es una verdad espiritual alguna vez se manifiesta o no en el ámbito natural, no depende de que Dios responda la oración, sino de que nosotros por medio de la fe alcancemos el mundo espiritual y traigamos lo que Él ya ha hecho para que se manifieste físicamente. Nuestra fe provee el puente para que Dios cruce hacia el mundo físico.

Dios no hace cosas sin nosotros, y ciertamente nosotros no podemos hacer nada sin Él. Dios es quien debe proveer algo en el espíritu en primer lugar. Pero luego Él fluye a través de nosotros para entrar al mundo natural. ¡Ésta es una revelación asombrosa!

Autoridad + Poder = Responsabilidad

Daniel perseveró en su oración. Quizá sí, o tal vez no, entendió todas estas cosas, pero supo que Dios tenía su respuesta y simplemente rehusó darse por vencido hasta que se manifestara. Antes de la llegada del ángel y de la explicación, La Palabra no indica que Daniel supiera lo que estaba ocurriendo en el mundo espiritual mientras oró. Desde su perspectiva, parecía que Dios permanecía totalmente silencioso e ignorándolo. No obstante Daniel perseveró y continuó orando con fe. Sin embargo, aunque Dios le hubiera mostrado que un poder demoníaco estaba estorbando al mensajero para traerle su respuesta, Daniel no podría haber hecho nada al respecto. ¿Por qué? Porque los santos del Antiguo Testamento no tenían ningún poder o autoridad sobre el diablo.

Como un creyente del Nuevo Testamento que eres, Dios te ha dado autoridad y poder. Con esto también viene la responsabilidad.

Someteos, pues, a Dios; resistid al diablo, y huirá de vosotros (Stg. 4:7).

Si no resistes al diablo, no huirá. Es el poder de Dios el que te respalda y hace que esto funcione, pero en realidad, el diablo huye de ti. No puedes pedirle a Dios que reprenda al diablo por ti. ¡Él te ha otorgado esta autoridad a ti!

Muchos Cristianos hoy en día oran y después pasivamente esperan y esperan y esperan con "fe" pacientemente esperando hasta que finalmente—quizás—reciban su respuesta. Si la reciben, es porque son como un perro con un hueso. Rehusándose a soltarlo, permanecen ahí con todo el dolor, circunstancias y persecuciones del diablo contra ellos. Reciben su respuesta porque persisten, porque todavía están resistiendo a Satanás después de que les lanzó lo peor. Estos creyentes simplemente fallan en: 1) reconocer que el diablo está estorbando la manifestación de su respuesta y 2) ejercitar el poder y la autoridad que se les ha dado para hacer algo al respecto.

Como un creyente nacido de nuevo, no tienes que orar de la manera como la gente del Antiguo Testamento lo hacía. A causa de la ilustración, digamos que Daniel había sido vuelto a nacer y tenía los privilegios de un creyente del Nuevo Testamento en el capítulo 10. Después de orar y no ver la manifestación de su respuesta en tres minutos, pudo haber dicho: "Dios, Tú eres el mismo ayer, hoy, y por los siglos (He. 13:8). Si Tú diste la orden desde el principio de mi súplica la última vez, yo sé que hiciste lo mismo en esta ocasión. Tú ya respondiste Padre, te agradezco que ya viene en camino. Puesto que ya diste la orden, ¿podrías decirme qué es lo que la ha estado deteniendo?"

Y Dios le hubiera dicho a Daniel: "hay una oposición demoníaca en contra de tu oración." Daniel podría haberse parado y reprendido al poder demoníaco. Como un creyente nacido de nuevo, Daniel pudo haber usado su autoridad sobre el diablo y haberle ordenado que se quitara de su camino. Esto habría podido reducir dramáticamente el período de tiempo entre el "amén" y "ahí esta" (la manifestación). Daniel pudo haber hecho esto como un creyente del Nuevo Testamento. Como un santo del Antiguo Testamento, no podía. Todo lo que podía hacer era permanecer en fe.

Pero si entiendes estos principios, tendrás gran consuelo al saber que Dios ya lo hizo. Él ya ordenó tu respuesta, pero ésta debe venir desde el mundo espiritual hasta el mundo físico. Hay varias cosas que pueden ocurrir para estorbar esto. No tengo suficiente espacio en este libro para enumerar todas las cosas que Él me ha mostrado, pero te daré varios ejemplos para ilustrarlo.

CAPÍTULO 11

La Respuesta Está en el Espíritu

Mucha gente ora por provisión y luego esperan que Dios manifieste Su respuesta instantáneamente. Y si no sucede, entonces comienzan a dudar y dicen: "Dios, ¿por qué no has hecho nada?" No, el Señor ya hizo Su parte. Él ya ordenó las bendiciones para hacer riqueza sobre todos los creyentes (Dt. 8:18). Dios ya le dio a cada Cristiano poder, unción y la habilidad para prosperar. Salmos 35:27 revela que Su deleite está "en la prosperidad de su siervo." En el espíritu, hay abundante provisión para cada creyente nacido de nuevo (2 Co. 8:9).

Dios mismo no te da el dinero. Él te da el poder para hacer riquezas, pero Él no suelta el efectivo en tu billetera directamente. El Señor te da una unción—una habilidad— y luego tú debes salir y emprender algo. Una de las razones por la que muchos Cristianos que están orando por bendiciones para hacer riqueza aún no han visto la manifestación, es que piensan que Dios se las va a dar a ellos directamente. Dios bendecirá la obra de tus manos, pero primero tienes que hacer algo.

Su Provisión Viene a Través de la Gente

Puedes obstaculizar lo que Dios ya ordenó e hizo en el espíritu para que se manifieste en el mundo físico. Mucha gente se queda en la asistencia social porque no pueden ganar esa cantidad de dinero en McDonald's. Así que no hacen nada y continúan orando para que Dios vierta provisión en su regazo. Dios no puede bendecir y multiplicar la ayuda del gobierno, porque no estás haciendo nada para obtenerla. Pero si sales y trabajas en McDonald's—aun si te reducen el pago de la asistencia social—Dios podrá empezar a multiplicarlo. Mientras trabajas, Él te puede prosperar y dar riqueza.

Dios usa a la gente para bendecirte.

Dad, y se os dará; medida buena, apretada, remecida y rebosando darán los hombres *en vuestro regazo* (Lucas 6:38, el énfasis es mío).

Él te envía Su provisión financiera a través de la gente.

El dinero es una institución terrenal. Dios no lo usa. Tampoco nosotros en el cielo. Seguro, allá en el cielo hay oro, plata y piedras preciosas, pero no se usan para intercambio. El dinero es un invento humano, que utilizamos aquí en la tierra.

Dios no va a falsificar la moneda de tu país y te la va a dar. El dinero no es algo que te va a llover del cielo. Escuché a un hombre decir en una ocasión que si tú le enviabas diez dólares, él te enviaría por correo un listón verde. Dijo que si ponías ese listón verde en tu cartera, Dios lo usaría para crear dinero, y nunca más estarías en banca rota. ¡Eso es un truco! No puede suceder. Dios no hace esta clase de cosas; Él utiliza a las personas.

Así, cuando oras por una necesidad de dinero, Dios usará a la gente para ayudarte a cubrir esa necesidad. No te va a caer del cielo. Si estás esperando a que llegue tu nave, pero nunca has enviado alguna fuera, te vas a desilusionar. Pensarás: *Dios, ¿por qué no contestaste mi oración?* ¡Él lo hizo! Él te ha bendecido con toda bendición espiritual. Él ha ordenado Su favor sobre ti. Él te ha dado el poder para hacer riquezas. Todas estas cosas son reales en el mundo espiritual. ¡Pero tienes que cooperar con fe!

¡Vendida!

Un amigo mío había anunciado su casa para venderla "Por el Propietario." Había puesto el letrero en su jardín pero no había podido vender su casa durante dos años. Sólo unos cuantos se habían tomado la molestia de mirarla. Aunado a esto, el mercado no estaba muy bien en ese tiempo. Ya que la casa no se estaba vendiendo, esta realidad se convirtió en un motivo de preocupación para él.

Me escuchó predicar este mensaje y el Señor le habló diciendo: "Yo motivé a alguien para que compre tu casa desde el primer día que la pusiste en venta, pero Satanás los ha estado estorbando". No era la culpa de este hombre, sino que una oposición demoníaca estaba impidiendo la manifestación de su respuesta.

Puesto que mi amigo no sabía cuál era la situación, oró en lenguas, creyendo que Dios estaba intercediendo a través de él. Dos días después su casa se vendió. Cuando estaban cerrando el trato, el señor que estaba comprando la casa le dijo a mi amigo, "desde el primer día que pusiste el letrero en tu jardín, le dije a mi esposa, '¡ésta es nuestra casa!' Por dos años he estado tratando de reunir el dinero, pero no me era posible, luego la cosa más extraña sucedió. Hace dos días, el hombre que había estado tratando de comprar mi casa vino con dinero en efectivo y cerramos el trato. Me he tardado un día o más para reunir lo necesario y poder venir a hacer esto. ¡Pero aquí estoy!"

Dios había contestado la oración de mi amigo dos años antes de que él pudiera ver que algo sucediera. El atraso no era de parte del Señor que ya había actuado, sino que Satanás lo estaba estorbando a través de otra gente. Si no entiendes esto, orarás y le pedirás a Dios que venda tu casa. Y si no se vende, dirás: "Señor, ¿por qué no contestaste mi oración?" Él lo hizo. Él contesta cada oración. Ya está hecho. Dios ya habló con la gente. Él ha ordenado estas bendiciones sobre ti, pero éstas ocurren en el mundo espiritual, y con tu fe, debes traerlo del mundo espiritual al mundo físico.

Cree, Está Hecho

Si lo puedes entender, esto hará la diferencia respecto a la manera en que recibes de parte de Dios. Si la manifestación no llega enseguida cuando oro por la sanidad ahora, no digo: "Dios, no sé por qué todavía no me has sanado, o a esta otra persona. ¡Pero te estamos pidiendo que actúes!" Yo no empiezo a ayunar y a reclutar otra gente para que bombardeen el cielo conmigo para rogarle a Dios y obligarlo a que lo haga. Toda esa forma de pensar es incredulidad. Cuando oraste, no creíste que ya habías recibido.

Por tanto, os digo que todo lo que pidiereis orando, creed que lo recibiréis, y os vendrá (Marcos 11:24).

Debes creer que recibes en el momento en que oras, no cuando lo ves. ¿Cómo puedes creer que Dios contestó tu oración si no te sientes sanado al instante? En el momento que oraste— ¡BOOM!— ya está hecho en el espíritu. Tu respuesta ya es una realidad en el mundo espiritual.

Si no se manifiesta, ¡no dudes de que Dios ha hecho lo que Su Palabra dice que Él ha hecho! Cree que recibiste cuando oraste. Después continúa orando, sin pedirle nuevamente, pero usa tu autoridad contra cualquier poder demoníaco que te estorbe para que recibas tu respuesta. Pídele una revelación a Dios si hay algo que se suponga debas hacer. Si estás orando por dinero, quizás necesitas obtener un trabajo o dar algún dinero. Pero no dudes que Dios ya lo hizo.

Dios ya proveyó todo lo que necesitas. Eso ya está en el mundo espiritual. Sólo necesitas creer que está hecho.

Ciego de Un Ojo

¡Entender esta ley ha revolucionado la manera en que yo oro! No mucho tiempo después de que el Señor me mostró estas verdades de Daniel 9 y 10, llevé a cabo una reunión en Childress, Texas. Esto fue en 1977, prediqué un mensaje titulado: "Qué Hacer Cuando Tus Oraciones no Parecen ser Contestadas". Hable de cómo Dios ya lo hizo, no es cuestión de esperar que Él produzca sanidad, sino que ya está ahí en el mundo espiritual. Hablé de cómo la fe llega al mundo espiritual y trae las cosas como una manifestación física. Por lo tanto, nosotros podemos controlar qué tan rápido se va a manifestar la sanidad. Puesto que Dios ya lo hizo, podemos hacer que Su poder sanador se manifieste.

Después de predicar este mensaje a cien personas, declaré: "Vamos a demostrarlo. ¿Hay alguien aquí que esté enfermo?" Un joven de diecisiete años que estaba ciego de un ojo vino al frente. Puse mis manos sobre él, oré, reprendí todo lo que sabía y le ordené que viera. Luego le dije: "Cúbrete el ojo que está bien y mira con el otro. ¿Cuántos dedos tengo levantados?" Puse mi mano frente a su cara, pero ¡no podía ver nada, ni mi mano, ni la luz, nada! Había cero manifestación. Hasta tuve que tomar su cara y voltearla hacia mi mano porque no estaba viendo en la dirección correcta.

Muchas de las personas que vieron esto, inmediatamente pensaron: "Bien, esto no funciona." Podía sentir y escuchar los quejidos y gemidos de incredulidad. Así que me volteé y señalé a la multitud diciendo: "Miren, creo que lo que estoy enseñando es verdad. No nos ha sido manifestado, pero no es porque Dios no lo haya sanado. No es porque estemos esperando que Dios haga algo. Es porque nosotros tenemos problemas para traerlo del mundo espiritual al mundo físico. ¡Es nuestra culpa, no la de Dios! Está bien si quieres irte. Pero si crees en lo que enseñé y te gustaría quedarte y orar conmigo, eres bienvenido a hacerlo." Cerca de veinticinco personas se quedaron.

Así que nos reunimos alrededor de este joven y empezamos a orar por él. No estábamos pidiendo: "Oh Dios, no lo hiciste desde el principio. ¡Por favor sánalo ahora!" En cambio, estábamos diciendo: "Padre, creemos que esto es verdad. Tú ya lo sanaste. Tu poder ya ha sido liberado. Atamos cualquier cosa que esté impidiendo que esto se manifieste físicamente. Dános sabiduría y muéstranos lo que está sucediendo". También oramos en lenguas para edificar nuestra fe, de acuerdo a Judas 20.

Esto continuó por casi media hora. Cada cinco minutos o más, me detenía, le pedía a este joven que se cubriera su ojo bueno y me mirara a través del otro. Nunca pudo ser capaz de ver mi mano. ¡Realmente yo estaba buscando la sabiduría de Dios!

¿Sanidad o Milagro?

De repente, el Señor me dijo: "él no necesita una sanidad; ¡él necesita un milagro!" Mientras me llegaba esta impresión mi siguiente pensamiento fue: ¿Cuál es la diferencia? Nunca antes hubiera considerado la diferencia entre las dos. Desde entonces entendí algo, aunque todavía es un área en la que estoy aprendiendo. Por fuera, estaba orando en lenguas. Por dentro, me preguntaba: "¿Es realmente Dios? ¿Cuál es la diferencia entre una sanidad y un milagro? ¿Afectaría esto la manera en la que estábamos orando?"

Luego Don Krow—mi pastor asociado, que hasta el día de hoy está conmigo—dijo: "Andrew, Dios me dijo que él no necesita una sanidad; ¡él necesita un milagro!" Fueron palabra por palabra las que el Señor le había dicho a mi corazón. Así que me detuve y le pregunté al joven por el que estábamos orando: "¿Bueno, qué es lo que está mal en tu ojo?"

"Cuando era un bebé, tuve una infección en el ojo. Quirúrgicamente me quitaron mi cristalino y mi retina. Ni siquiera tengo las partes necesarias para poder ver."

Tan pronto como dijo esto, le contesté: "Tú no necesitas una sanidad; ¡necesitas un milagro! Necesitas que Dios te haga un milagro creativo y te coloque esas partes adentro." Así que ahuequé mis manos sobre su cara y declaré: "Cristalino y retina, ¡les ordeno que vengan a este ojo en el nombre de Jesús!"

Después le dije que se cubriera el ojo bueno y viera a través del otro. Le pregunté: "¿Cuántos dedos tengo levantados?" Me respondió: "1, 2..." ¡Y pudo ver! ¡El Señor hizo un milagro en su ojo!

Dios había liberado este poder antes de que el joven naciera. A través de Jesús, ya había sido provisto y hecho disponible en el mundo espiritual. En el momento que orábamos, el poder de Dios actuaba para otorgar este milagro como una manifestación física. Pero existían impedimentos.

¡No te Des por Vencido!

Todavía no entiendo todo. No estoy seguro por qué tuve que recibir la revelación de que no necesitaba una sanidad sino un milagro. Creo que iba dirigido a mí. Cuando Don lo confirmó, mi fe se vivificó y resurgió. Entonces con autoridad le hablé a la montaña (Mr. 11:23). La mayoría de las personas no le hablan directamente a su problema. En cambio, le hablan a Dios al respecto. ¡La Palabra dice que le hables a la montaña!

El problema era que este joven no tenía un cristalino y una retina para poder ver. Así que les tuve que hablar.

La muerte y la vida están en poder de la lengua, y el que la ama comerá de sus frutos (Pr. 18:21).

Cuando todo esto sucedió, mi fe revivió y les ordené al cristalino y a la retina que vinieran a este ojo. ¡Después pudo ver!

Si no hubiéramos insistido en nuestras oraciones, el ojo de este joven quizá nunca habría vuelto a ver. No habría sido porque Dios no lo había hecho. Él ya había dado la provisión, ésta estaba disponible en el espíritu. Pero la mayoría de la gente, si no tiene la manifestación rápidamente, se desanima, duda y no cree.

Les hacemos un perjuicio a otros cuando oramos por su sanidad pero los dejamos ir antes de que ésta se manifieste.

Unos muy buenos amigos que tengo con ministerios de sanidad, cuando oran por la gente que está haciendo fila, nunca voltean a ver a aquellos por los que acaban de orar. Se rehúsan siquiera a pensar acerca de esto porque no quieren lidiar con la incredulidad. Esto funciona en cierto grado. Algunas cosas buenas suceden, pero este método está lleno de toda clase de problemas, porque la fe en la mayoría de la gente— si no ven una manifestación al pasar el tiempo—se vuelve débil y no fuerte.

CAPÍTULO 12

Dios Ya Lo Proveyó

Dios ya lo hizo. Él ya lo proveyó. Todo lo que alguna vez necesitemos ya fue cumplido. Tan pronto como creamos y empecemos a aprender cómo funciona Su poder, ¡podemos hacer que las cosas se manifiesten!

Muchos de los grandes evangelistas entendieron este concepto. A lo mejor no lo enseñaron con las mismas citas bíblicas o lo expresaron con la misma terminología, pero lo creyeron.

John G. Lake tuvo más de 100,000 casos de sanidades confirmados y documentados. De hecho cerraron un hospital en Spokane, Washington, por un tiempo porque muy poca gente necesitaba sus servicios. Él y sus "técnicos de sanidad" ¡fueron tan efectivos!

Puesto que Lake tuvo un ministerio tan fructífero, tenemos que considerar su opinión. Sintió que la razón principal por la que la gente no veía la sanidad manifestarse en sus vidas era su pasividad para recibir. Oran, piden y luego pasivamente esperan a que Dios los sane, sin entender que Él ya lo hizo. En vez de usar su autoridad y ordenar que la sanidad se manifieste ahora, permiten que se prolongue por días, semanas, meses y años. No entendieron cómo deben creerle a Dios y hacer que lo que Él ya hizo en el espíritu venga al mundo físico. En la opinión de John G. Lake, éste era el problema número uno.

Dios ya lo hizo. Cree que ya ha sido provisto y luego recíbelo con fe. Si inmediatamente no ves la manifestación de la respuesta a tu oración, entonces necesitas tomar la iniciativa y empezar a combatir contra tu incredulidad. Recibe sabiduría si hay algo que necesites hacer. Si hay un poder demoníaco involucrado, quebrántalo. Pero la Biblia claramente establece la norma: Dios ya lo hizo.

Atmósfera de Incredulidad

Jesús operó con este mismo conocimiento.

> *"Vino luego [Jesús] a Betsaida; y le trajeron un ciego, y le rogaron que le tocase. Entonces, tomando la mano del ciego, le sacó fuera de la aldea; y escupiendo en sus ojos, le puso las manos encima, y le preguntó si veía algo. El, mirando, dijo: Veo los hombres como árboles, pero los veo que andan. Luego le puso otra vez las manos sobre los ojos, y le hizo que mirase; y fue restablecido, y vio de lejos y claramente a todos. Y lo envió a su casa, diciendo: No entres en la aldea, ni lo digas a nadie en la aldea."*
>
> *Marcos 8:22-26, los corchetes son míos.*

Éste es un ejemplo inusual de sanidad. Es la única vez en la Biblia en donde Jesús le preguntó a una persona algo así: "¿Cómo está?" Después de que Él oró por ellos. También es la única vez que Él oró por una necesidad física por segunda vez. Así que ésta fue una situación única.

Observa, primero que todo, que Jesús estaba en Betsaida. Tomó al hombre ciego de la mano y lo guió afuera de la ciudad.

Algunas personas piensan que Jesús hizo cosas raras para desconcertarnos. Dicen: "Nunca puedes entender a Dios. No tiene ni rima ni razón. ¡Sólo se deleita haciendo cosas fuera de lo normal!" ¡Esto no es verdad! Éste era el Creador del Universo con todos estos detalles meticulosos. Todo es perfecto y todo trabaja en armonía. Puedes predecir dónde estarán las estrellas en un millón de años a partir de ahora—si el Señor se retrasa—o diez mil millones de años atrás porque el universo es muy ordenado. Es absurdo pensar que el Dios del orden hace las cosas en forma completamente aleatoria. ¡Esto simplemente no es verdad!

Jesús guió a este hombre a las afueras de la ciudad porque Betsaida era uno de los peores lugares en los que había estado.

¡Ay de ti, Corazín! ¡Ay de ti, Betsaida! que si en Tiro y en Sidón se hubieran hecho los milagros que se han hecho en vosotras, tiempo ha que sentadas en cilicio y ceniza, se habrían arrepentido (Lc. 10:13).

Jesús juzgó y sentenció a Betsaida por toda su incredulidad. El Señor también encontró esta en Su propio pueblo natal de Nazaret.

Y no pudo hacer allí ningún milagro, salvo que sanó a unos pocos enfermos, poniendo sobre ellos las manos. Y estaba asombrado de la incredulidad de ellos. Y recorría las aldeas de alrededor, enseñando (Marcos 6: 5, 6).

Jesús quería hacer más en esos lugares, pero no pudo. Esta gente no tenía fe, así que Él no pudo orar por ellos sino sólo por unas cuantas cosas menores.

Jesús actuó en la fe al 100 por ciento. Así que sabemos que no había ningún problema con Él. Pero debe haber un nivel de fe de parte de aquellos que reciben. Ahora bien, creo que esto se ha exagerado. A veces usamos esto como una excusa para culpar a la persona que está recibiendo si la sanidad no se manifiesta. ¡Esto resulta muy simplista! La mayoría de las veces, es culpa tanto de las personas que oran como de las que están recibiendo. Sin embargo, con todo lo que se ha dicho, aun así es verdad que debe haber un cierto nivel de fe operando en la persona que está recibiendo la sanidad.

"¿Qué es lo que ves?"

Sabiendo eso, Jesús tomó a este hombre ciego de la mano y lo guió fuera de la ciudad. El Señor estaba ocupado—infinitamente más que yo. Si necesitas sanidad hoy, yo no puedo ir a orar por ti. No tengo tiempo de tomarte de la mano y caminar contigo por una hora por el campo para orar. Jesús no estaba tomando un paseo. Su propósito era sacar a este hombre de la incredulidad de Betsaida, sabiendo que esa incredulidad podía haber estorbado para que el poder de Dios manifestara su sanidad.

Sin embargo, aun cuando Jesucristo sacó a este hombre del pueblo, Él percibió que no había sacado todo lo del pueblo del hombre. Discernió que este hombre era afectado por esta atmósfera de incredulidad. Así que después de que el Señor oró por él, le preguntó: "¿Qué es lo que ves?"

Jesús no preguntó: "¿Contestó Dios Mi oración? ¿Sucedió algo?" No, esto habría sido incredulidad. La Palabra dice que debes creer y recibir cuando oras. Si Jesús hubiera preguntado "¿Funcionó?" habría violado Su propia enseñanza. El Señor supo que Dios había actuado. Él sabía que el poder de Dios estaba presente, pero que estaba en el mundo espiritual y que tenía que venir al mundo físico. Jesús era consciente de que la incredulidad de ese pueblo y el efecto que tuvo en ese hombre estorbaba para una manifestación instantánea y total de lo que Dios ya hizo.

Así que Jesús preguntó: "¿Qué es lo que ves?" El hombre respondió: "Veo a los hombres como árboles, pero veo que andan" (Marcos 8:24). En otras palabras, el poder de Dios se había manifestado parcialmente. El hombre estaba totalmente ciego, pero ahora podía ver un poquito. Así que Jesús hizo algo fuera de lo común otra vez. Puso sus manos sobre él y oró una segunda vez.

"¡Pero, orar por alguien dos veces, significa incredulidad!" Eso es si lo pides dos veces. Entonces por lo menos una de las dos veces, oraste con incredulidad. Debes creer y recibir cuando oras. Sin embargo, no es incredulidad continuar orando, con autoridad y hacer que lo que Él ya proveyó se manifieste.

¡Aborda Los Obstáculos De Frente!

No está mal que continúes orando si entiendes que Dios ya liberó Su poder. Éste en el mundo espiritual, está completo. Pero no quieres que se quede sólo en el espíritu. Lo quieres ver en lo físico. Así que ora de nuevo, sin dudar que Dios ya te lo dio, pero reprende al diablo. Ora para recibir sabiduría y revelación en caso de que haya algo que debas hacer. Ora para edificar tu fe y animarte a ti mismo. En vez de sólo orar una vez y después tratar de olvidar, suelta enérgicamente tu fe para enfrentarte a cualquier obstáculo y manifestar la provisión en el mundo físico.

Jesucristo abordó sus obstáculos de frente. Él no dudó de la fidelidad de Su Padre, pero dudó de la fidelidad del hombre—pensó que la incredulidad de este pueblo todavía le estaba impidiendo al hombre recibir. Así que le hizo al hombre esta pregunta y luego vio que todavía existía un retraso en la manifestación. En vez de sólo dejarlo ir, Jesús siguió ministrándole hasta que el hombre recibió la sanidad total. Es mucho más fácil retener algo que ya obtuviste que obtener algo que aún no tienes.

Así que Jesús oró por el hombre dos veces. Si Satanás, tu desconfianza o cualquier estorbo puede resistir una dosis del Espíritu Santo, ¡dispárales otra vez! Tócalos con el mismo poder una vez más. Esta vez, esos ojos recibieron y vieron a cada hombre claramente.

Después Jesús le dijo que no fuera al pueblo y que no le dijera a nadie ahí. Le instruyó al hombre que fuera a su casa, pero ¿dónde crees que vivía? Quizás este hombre tenía trabajo, familia y amigos. No obstante Jesús le ordenó que no le dijera a nadie y que no regresara a Betsaida ¡Éste fue un requisito un poco estricto! ¿Por qué? Jesús sabía que a pesar de que este hombre había recibido la manifestación de su sanidad, todavía podría perderla si inmediatamente regresaba a toda esa incredulidad.

Retener tu sanidad no está garantizado automáticamente. Jesús le advirtió al hombre que había sido curado en el estanque de Betesda "no peques más, para que no te venga alguna cosa peor" (Jn. 5:14). El diablo viene para "robar, y matar y destruir" (Jn. 10:10). Nada le gustaría más que quitarte la manifestación de tu sanidad, matar tu fe y destruir tu testimonio. Debes conservar tu sanidad por la fe. Por esto Jesús le dijo al hombre que no volviera a esta situación de incredulidad.

Jesús supo que Dios había curado completamente a este hombre. Ya había sido hecho. Pero reconocía que ahí había un obstáculo para traerlo de lo espiritual a lo físico. Así que el Señor oró con él una segunda vez para sacarlo de ese problema. Después le dijo cómo conservar la sanidad que había recibido.

Frecuentemente veo que ocurre lo mismo. La gente acude a mis reuniones y les ayudamos a manifestar su sanidad. Después regresan a la incredulidad de las iglesias y se someten a una enseñanza totalmente opuesta a la que recibieron de mi parte. Sus enfermedades o dolencias regresan y luego ellos vuelven a mí la próxima vez que estoy en la ciudad y me preguntan: "¿Qué sucedió?" Dios no es el que quitó la sanidad o les puso la enfermedad de nuevo. Dejaron de creer. No tenían ninguna raíz así que la fe les duró sólo una corta temporada (Mr. 4:17).

Coopera y Ordena

Dios ya hizo todo. Ya estás bendecido, sano y próspero. Ya tienes gozo, paz y sabiduría. Todo lo que podrías necesitar está ahí—en el espíritu. ¡Todo lo que tienes que hacer es creer y recibir!

Si no ves la manifestación inmediatamente, no dudes que Dios ya obró. Reconoce que Él es un Espíritu y que Él por eso se mueve en el mundo espiritual (Jn. 4:24). Todo lo que Él hizo—lo que es verdad en el espíritu—para su manifestación en el mundo físico, sólo requiere de la cooperación de algún ser humano. La fe es el puente que la provisión de Dios usa para pasar de lo espiritual a lo físico. A veces tardamos un poco para edificarnos en la fe al punto en que podamos recibir, pero Dios no necesita tiempo para estar listo para dar, porque Él ya proveyó.

A veces es una oposición demoníaca la que estorba lo que Dios ya hizo para que pueda manifestarse. A veces otras personas intervienen en las respuestas a nuestras oraciones. Por lo tanto, debemos recibir sabiduría acerca de cómo Satanás está estorbando, para que podamos hablarle a la montaña y ordenarle que se mueva.

Necesitamos aprender y cooperar con las leyes de Dios. Resiste al diablo. Háblale directamente al problema. Ejercita la autoridad y el poder que Dios te ha dado. Es importante dirigir tus oraciones apropiadamente para recibir los resultados que tú deseas. Dios ya lo hizo, pero es tu responsabilidad creer y traer Su provisión al mundo natural. Tan pronto como puedas llenarte de fe y aprender cómo hacer esto, entonces podrás manifestar lo que Dios ya hizo.

En vez de ser un mendigo, un rogón, un llorón y un quejoso, te convertirás en un comandante. Creerás lo que Dios ha dicho, lo que Él hizo y usarás tu autoridad y comenzarás a ordenar que se manifieste. En vez de sólo orar por sanidad, ordenarás la sanidad. En vez de sólo orar por bendición, ordenarás la bendición. ¡Ésta es la gran diferencia!

¡Sé un Puente!

Necesitas entender que hay un mundo espiritual real. A través de la ventana de La Palabra de Dios, puedes ver y percibir con certeza el mundo espiritual. Conforme descubres y meditas en lo que otra gente hizo y lo que está sucediendo detrás de la escena, puedes tener confianza que lo mismo está actualmente sucediendo a tu alrededor. Aun cuando no lo puedas ver o sentir con tus sentidos físicos, lo puedes percibir con los ojos de tu corazón.

Renueva tu mente con la Palabra de Dios, y permítete ser un puente por donde Él pueda fluir desde el reino espiritual hasta el mundo físico.

CAPÍTULO 13

El Campo de Batalla

D ios es Espíritu y se mueve en el mundo espiritual (Jn. 4:24). Todo lo que Dios ha provisto—por gracia—ya es una realidad en el reino espiritual. Pero que se manifieste o no en el mundo físico depende de nuestra habilidad para recibir—no de la de Dios para dar.

Hay cosas que podemos hacer para acortar el tiempo de la manifestación. También hay cosas que podemos hacer para retrasarla. Popularmente se habla de "guerra espiritual" cuando lidiamos con el diablo y vencemos sus obstáculos para que lo que Dios ya proveyó se manifieste. Debido a que ha existido un gran énfasis sobre esto en tiempos recientes, los próximos capítulos probablemente son los más controversiales en todo este libro.

La Guerra Espiritual

Satanás existe. Hay maldad en este mundo. Fuerzas demoníacas están luchando en contra de Dios y de Su reino. Antes de las últimas décadas, casi todo el Cuerpo de Cristo había ignorado las maquinaciones de Satanás. Muchos creían que todos los demonios estaban en África o en alguna otra parte del mundo no desarrollado. Pero pensaban que ninguno de los países, desarrollados, "civilizados," de occidente tenía alguna actividad demoníaca. En los pasados veintitantos años, esta noción ha sido completamente descartada, especialmente en las iglesias carismáticas. Quizás todavía existen algunas gentes evangélicas y de las principales denominaciones que no están conscientes, pero no son muchos.

Cualquiera que verdaderamente crea en La Palabra de Dios tiene que reconocer que Satanás es un enemigo real. El diablo tentó a Jesús y se le opuso durante todo Su ministerio. La Biblia registra muchos ejemplos en donde el Señor sanó a la gente echando fuera a los demonios.

Dios ungió con el Espíritu Santo y con poder a Jesús de Nazaret, y cómo éste anduvo haciendo bienes y sanando a todos los oprimidos por el diablo, porque Dios estaba con Él (Hch. 10:38).

La Palabra de Dios es muy clara: La enfermedad y las dolencias son opresiones del diablo.

En general, ha sido bueno para los Cristianos reconocer el hecho de que Satanás existe y que sus poderes demoníacos están activos todavía. Sin embargo, en el proceso, muchos en el Cuerpo de Cristo han pasado de la ignorancia a un extremo muy extraño. Por esto muchas de las enseñanzas y prácticas de la "guerra espiritual" de hoy, de hecho le atribuyen al diablo habilidades y poderes, que realmente no tiene.

Satanás es un elemento a considerar; estorba para que lo que Dios ya hizo en el reino espiritual se manifieste en el mundo físico. Es importante aprender cómo resistir al diablo y ejercer autoridad sobre él. Pero quiero dejar tan claro como el agua, que Satanás es un enemigo derrotado. La única razón por la que es capaz de hacer cualquier cosa es nuestra propia ignorancia, nuestra incredulidad y nuestro temor. Aunque el Cuerpo de Cristo hoy es más consciente de la existencia del diablo, la mayoría ha permanecido ignorante de las verdaderas maquinaciones de Satanás (2 Co. 2:11).

En Medio de Tus Oídos

Una vez más, el libro de Efesios fue escrito desde el punto de vista de que todo ha sido hecho. Es sólo cuestión de poseer lo que Dios ya proveyó, no tratar de forzarlo para que nos dé algo nuevo. Con esto en mente, veamos cómo Pablo maneja su epístola en el último capítulo.

Por lo demás, hermanos míos, fortaleceos en el Señor, y en el poder de su fuerza. Vestíos de toda la armadura de Dios, para que podáis estar firmes contra las asechanzas del diablo. Porque no tenemos lucha contra sangre y carne, sino contra principados, contra potestades, contra los gobernadores de las tinieblas de este siglo, contra huestes espirituales de maldad en las regiones celestes.

Efesios 6:10-12

Estos versículos dejan muy claro que peleamos una batalla— y ¡aquellos que no lo creen están destinados a perder!

Sin embargo, ¡la batalla está en tu cabeza! No está por allá en algún lugar en los "lugares celestiales." Está en tu mente.

Ahora, antes de que te ofendas, te invito a seguir leyendo todo lo que estoy diciendo. Revisa la Biblia por ti mismo, y luego saca tus conclusiones de La Palabra, no de la enseñanza actual y de los ejemplos populares que se han promovido en el Cuerpo de Cristo en la actualidad.

Peleamos una batalla, que no está allá en los lugares celestiales. Estamos peleando contra poderes demoníacos—que sí existen en los lugares celestiales—pero el campo de batalla (el lugar de combate) está en tu mente.

Engaño y Mentiras

Observa el versículo 11:

Vestíos de toda la armadura de Dios, para que podáis estar firmes contra las asechanzas del diablo.

Asechanzas son mentiras, astucia y destreza. Todas estas palabras implican que el único poder de Satanás es el engaño. De hecho no tiene poder propio para obligar a alguien a hacer algo. Debemos rendirnos primero a él. Por lo tanto, el diablo realmente no afecta a todos aquellos que saben, y que entienden la verdad.

Estableceré esto con muchas otras citas bíblicas, pero permítanme hacer algunas aclaraciones primero. De nuevo, te reto a que continúes hasta que yo llegue a los versículos que verifican estas cosas. No dejes este libro de lado creyendo que es contrario a la "teología popular" de hoy. Como un creyente de Cristo, ¡necesitas comprender la verdad!

¡Satanás es un enemigo absolutamente derrotado! Tiene cero poder para hacer cualquier cosa. Todo lo que puede hacer es engañarte a través de sus asechanzas, su astucia, su destreza y sus mentiras y luego usar en tu contra ese poder que tú le diste cuando te rendiste a él. ¡Por esto la ignorancia es tan cara! La meta del diablo es mantenerte ignorante de la verdad y que creas sus mentiras.

Después de que reprendió firmemente a los Corintios por caer en toda clase de cosas raras, Pablo confesó:

Pero temo que como la serpiente con su **astucia** **engañó** *a Eva, vuestros sentidos sean de alguna manera* **extraviados** *de la sincera fidelidad a Cristo* (2 Co. 11:3, el énfasis es mío).

Satanás viene en nuestra contra al alejar nuestras mentes de la sencillez que hay en Cristo. En otras palabras, trata de hacernos pensar que el Evangelio es más difícil de lo que realmente es.

Tentado

En Génesis, ¿por qué el diablo no escogió un tigre? Éste pudo haber intimidado a Eva con uno o dos rugidos. ¿Por qué no tuvo un mamut lanudo que pusiera su pata sobre su cabeza y le ordenara: "Cómete esta fruta o aplastaré tu cráneo"? ¿Por qué Satanás escogió a la serpiente— el animal más astuto sobre la faz de la tierra—para ir en contra de Eva? Porque el diablo sabía que no tenía ningún poder para intimidar o forzar a Eva o a Adán a hacer ninguna cosa. ¡Por eso tuvo que engañarlos! (Gen. 3:1).

Satanás inició su engaño preguntando: "¿Conque Dios os ha dicho...?" (Gn. 3:1). Retó La Palabra de Dios. Es la verdad de La Palabra de Dios la que nos capacita para buscar a Dios, rendirnos a Él y resistir al diablo. Si Satanás no hubiera retado La Palabra y logrado que la cuestionaran, y criticaran, su tentación no habría llegado a ninguna parte. La serpiente no vino para forzarlos o a intimidarlos, sino a engañarlos.

Satanás tentó a Eva y Adán con algo que ya tenían. Les preguntó: "¿No quieren ser como Dios?" La verdad era, que ya eran como Él. De hecho, eran más parecidos a Dios antes de que comieran del fruto del Árbol de la Ciencia del Bien y del Mal, que después.

El diablo dice: "Oh sí, Dios ama al mundo. ¿Pero qué te hace pensar que te ama a ti?" Después te lleva a desear y tratar de discernir de alguna manera física, natural, si Dios te ama o no. Ahí estas tú en el territorio del diablo del mundo físico, sin entender que La Palabra de Dios dice que en el mundo espiritual ya está hecho. Como no te sientes amado y no se te pone la carne de gallina, suplicas: "Oh Dios, derrama tu amor en mi vida," ¡de hecho ésta es una oración de incredulidad!

Satanás desea estorbar la venida de la gente al Señor, pero su único "poder" es el engaño y las mentiras. El diablo no puede impedirte que hagas algo. Si pudiera, te habría impedido nacer de nuevo. Estabas en tu peor estado y debilitado. No habías ido a la iglesia, ni ayunado, ni orado, ni estudiado La Palabra, ni diezmado, ni vivías correctamente. Quizás eras un adúltero, un adicto a las drogas, malo, egoísta, etc. Todavía estando triste, clamaste y recibiste el milagro más grande de todos, el nuevo nacimiento. Si Satanás realmente fuera tan poderoso como dice que es, entonces te habría impedido recibir la salvación. En cambio, todo lo que puede hacer es mofarse de ti diciendo inmediatamente después: "¡Tú no lo recibiste, no lo recibiste!" ¡No puede impedir que hagas algo! Satanás no puede hacer nada sin tu consentimiento y cooperación.

El diablo preferiría que tú no fueras vuelto a nacer, pero ahora que eres salvo, lo mejor que puede hacer es persuadirte a decir: "Pues sí, Dios puede hacer estas cosas, pero Él no las ha hecho aún." ¡A Satanás le encanta esto!

No te Dejes Sorprender por el Adversario

Yo recuerdo cuando jugaba a la cuerda de niño. Había dos equipos que jalaban en sentidos opuestos de los extremos de una cuerda larga que se tensaba sobre un gran hoyo de lodo. Mi equipo y yo tratábamos de jalar con más fuerza al otro equipo hacia el lodo. Sin embargo, si los veíamos ganar—y ese pozo de lodo más cerca—soltábamos la cuerda. Quizás no ganábamos pero, por lo menos, los del otro equipo se daban un sentón y se enlodaban.

Satanás hoy hace lo mismo. Si no puede impedirte que ganes, cambiará de equipo para sorprenderte con la guardia baja para hacerte caer por sorpresa. Básicamente, llega a los creyentes y les dice: "Si eres tan buen Cristiano, ¿por qué no tienes esto y haces aquello?" El diablo te condenará por lo que no tienes y tratará de mantener tu enfoque sólo en lo físico.

Pero la verdad es, que espiritualmente ya tienes todo. La clave para ver que lo que tienes en el espíritu se manifiesta en tu vida, es creer en ello y reconocerlo.

Para que la participación de tu fe sea eficaz en el conocimiento de todo el bien que está en vosotros por Cristo Jesús (Flm. 1:6).

¡La manera de hacer que tu fe comience a funcionar es empezando por reconocer las cosas buenas que están en ti en Cristo!

Sin embargo, la mayoría de los Cristianos dicen: "¡No hay nada bueno en mí!" Y mencionan Romanos 7.

Y yo sé que en mí, **esto es, en mi carne,** *no mora el bien* (Ro. 7:18, el énfasis es mío).

Necesitas entender lo subrayado para interpretar apropiadamente este versículo. No hubiera sido una declaración correcta si Pablo hubiera omitido: "Esto es, en mi carne," porque en él habitó Dios mismo— y todo lo que Dios es y lo que le había dado a él—lo cual es bueno. Pablo se refirió a su carne—su ser no nacido de nuevo, físico, carnal, natural. Está bien que un Cristiano entienda que en su carne—separado de Cristo —no es nadie. Pero en Cristo, puede hacer todas las cosas y lo bueno habita dentro de él. Para vivir triunfante, necesitas estar enfocado en quién eres en Cristo.

Satanás dirige su guerra hacia eso. Específicamente se dirige a tu entendimiento y conocimiento acerca de quién eres y de lo que tienes en Cristo. Todo lo que él tiene son mentiras y engaños. El diablo no tiene más poder para hacerte caer en cualquier área de tu vida que el que usó para hacer que Eva y Adán cayeran. Él tiene que engañarte.

Completo en Cristo

Si tú fueras el diablo tratando de engañar a Eva y Adán, ¿cómo lo harías? Ellos nunca habían pecado, nunca habían tenido ninguna clase de problemas y vivían en el paraíso con abundante comida. Básicamente, eran seres perfectos, viviendo vidas perfectas, en un lugar perfecto. ¿Cómo tientas a alguien así?

No los podía tentar con dinero—porque no había tal cosa. Cada necesidad era abundantemente satisfecha. No los podía tentar con adulterio, porque no había nadie más con quien cometer adulterio. No podía tentarlos con heridas, o con dolor y amargura de experiencias pasadas; no había nada en ellos que pudiera ser afectado por la depresión o el desánimo. Seres perfectos viviendo en un lugar perfecto no podían ser tentados con el dinero, el sexo, el poder, la gloria, etc. ¿Con qué podrían ser tentados?

Satanás les mintió diciendo: "¿Ya ves qué bueno es todo esto? Pues aún hay más". La verdad es que tenían todo. Pero el diablo los incitó a especular sobre lo que podría ser: Lo que sería. A través de eso causó que gentes perfectas que vivían vidas perfectas en un lugar perfecto sucumbieran.

Eva y Adán renunciaron a todo porque una serpiente habladora los convenció de que no tenían lo suficiente. La mayoría de la gente hoy en día daría cualquier cosa por vivir en una situación tan perfecta. Si puedes convencer a gente perfecta que está viviendo en un paraíso y sin problemas físicos para que piensen que no lo tienen todo, para que duden de La Palabra de Dios y cuestionen Su bondad, te garantizo que puedes convencer a gente que vive en un mundo perdido, que puede voltear en cualquier dirección y ver dolor, tragedia, carencias y necesidades.

Pero la verdad es que, si has nacido de nuevo ya lo tienes todo. Estás completo en Cristo (Col. 2:10). Todo lo que necesitarás ya te ha sido dado. No estás parado y luchando en contra de una entidad demoníaca que tiene un poder y autoridad superior. Más bien, todo lo que estás haciendo es combatir sus mentiras y engaños, los mismos que usó con Eva y Adán. (Mi enseñanza *La Autoridad del Creyente* estudia esto con más detalle).

Los Procesos de Tu Mente

La batalla en contra del diablo está en tus pensamientos. ¡Por eso la Palabra de Dios es tan importante! El único poder de Satanás es el engaño. Miente y se representa a sí mismo como más poderoso de lo que es. Pero la verdad es un antídoto para el engaño. "Y conoceréis la verdad, y la verdad os hará libres" (Jn. 8:32).

Si conoces la verdad, la verdad te liberará.

"Pues aunque andamos en la carne, no militamos según la carne; porque las armas de nuestra milicia no son carnales, sino poderosas en Dios para la destrucción de fortalezas, *derribando* argumentos y toda altivez que se levanta

contra el <u>conocimiento</u> *de Dios, y llevando cautivo todo* <u>pensamiento</u> *a la obediencia a Cristo."*

2 Corintios 10:3-5, el énfasis es mío.

Observa cómo nuestra lucha está en contra de los pensamientos, las imaginaciones, las fortalezas y el conocimiento que va en contra de La Palabra de Dios. Todos estos son tus procesos mentales.

Satanás no tiene poder a menos que creas sus mentiras y caigas en su engaño. La mayoría de los Cristianos creen que el diablo tiene un enorme poder y autoridad, más de lo que nosotros tenemos como seres humanos. Simplemente esto no es verdad. Satanás es un enemigo derrotado. Aunque ha sido derrotado, camina como "un león rugiente...buscando a quien devorar" (1 P. 5:8). El diablo no es un verdadero león; sólo camina alrededor rugiendo como uno que trata de intimidar al Cuerpo de Cristo. Pero la verdad es que le sacaron sus dientes y lo único que puede hacer ahora es apretarte entre sus encías. Aparte del poder que tú le das al creer sus mentiras, Satanás no puede robarte nada. El diablo usa la ignorancia, el temor y la incredulidad para oprimirte y destruirte.

CAPÍTULO 14

¡Liberado!

E l diablo es un elemento , pero no porque sea superior por su poder y autoridad. Engaña a la gente y ceden a él a través del miedo. Esto es lo que realmente le da poder. Satanás toma el temor de una persona y lo usa en su contra para "comerse su almuerzo y no dejar ni las migajas."

Mi conocimiento del reino espiritual se incrementó drásticamente en 1968 cuando me entregué realmente al Señor. No sólo me di cuenta de que Dios estaba vivo y sano sino también de que muchas cosas que están sucediendo en este mundo eran causadas por demonios. En la denominación en la que crecí, se creía que todos los demonios estaban en África. No creían que había tal cosa como "demonios" aquí en América. No representaba ningún problema. ¡De hecho no acostumbrábamos hablar de esto! Pero, conforme comencé a leer La Palabra, esta verdad resaltó en mi interior. El Espíritu Santo me mostró que muchos problemas—especialmente las enfermedades, las dolencias y los problemas emocionales—tenían un origen demoníaco. ¡Así que empecé a orar por la gente y a verla liberada!

No sabíamos mucho, pero Dios hizo algunas cosas asombrosas. Vimos a los adictos salir de las drogas instantáneamente, sin reincidencia. También vimos a los homosexuales completamente liberados. A pesar de que experimentamos grandes éxitos, éramos bastante ignorantes respecto a las maquinaciones de Satanás. Sabíamos que existía una lucha, pero no sabíamos exactamente cómo operaba. Era como si estuviéramos peleando con el diablo con nuestros ojos cerrados, dando golpes de ciego. No obstante, de vez en cuando, lo golpeábamos y teníamos algunos éxitos asombrosos.

Errores

Aunque también ocurrían cosas malas a consecuencia de esto. Leí un libro sobre la liberación de una persona que se enfocaba casi exclusivamente en este aspecto del ministerio. Mencioné su nombre en una reunión y una dama se acercó a mí tras haber sido miembro de su iglesia durante varios años. Me dijo que mientras estuvo asistiendo ahí, el diablo destruyó tanto a ella como a su familia. Basada en su conocimiento personal de cómo este hombre y su ministerio estaba plagado de poderes demoníacos, me convenció de que lo que yo estaba compartiendo de La Palabra acerca de Satanás, era verdad.

Leímos el libro de este hombre por pura desesperación, tratando de entender la liberación. Nos enseñaba que teníamos que tener alguna manifestación física—como el vómito—cada vez que alguien era liberado. También teníamos que hablar con los demonios y preguntarles sus nombres. Después de que descubrías al "hombre fuerte," tenías que enviarlo a cierto lugar. No podías solamente echarlo fuera; ¡tenías que decirle a dónde ir! También decía que no podías hacerlo solo; siempre tenía que haber por lo menos dos personas presentes para ministrar porque los demonios podían vencer a uno solo, y había otras cosas que realmente no tienen precedente en la Biblia. Era sólo el ejemplo de la experiencia personal de este hombre. No estoy diciendo que él pertenece al diablo, sólo que cometió algunos errores.

¡Yo también he cometido errores al ministrar liberación! Muchos de estos errores están basados en la información que recibí al leer este libro. Lo usábamos para "preparar" a la gente durante tres semanas para su liberación. ¡Algunas personas lo requieren todavía! Conozco a alguien en Colorado Springs que buscó su liberación y tuvo que llenar una solicitud de cinco hojas. Tuvo que concertar una cita y luego esperar cuarenta y cinco días para poder ir a ser liberado de sus demonios. ¡Esto es absolutamente tonto! Jesús nunca hizo que nadie llenara alguna solicitud. Tampoco pidió que lo esperaran para ministrar por mes y medio. No estoy condenando a nadie, porque también yo acostumbraba hacerlo así. Sin embargo, desde entonces he encontrado mejores formas de echar fuera a los demonios.

¡Despistada!

Mis amigos y yo éramos Bautistas cuando vi la primera manifestación demoníaca y supe con toda seguridad lo que esto era. Como Bautistas éramos radicales en relación a nuestras creencias sobre cosas sobrenaturales tales como los demonios y hablar en lenguas. Cierta señora había venido a nuestra pequeña iglesia Bautista para recibir al Señor. A pesar de estar firmemente convertida, todavía tenía algunos problemas contra los que estaba luchando como ex lesbiana.

Un día en su trabajo, actuó en forma incoherente. No se acordó de su propio nombre, ni de dónde venía, ni lo que estaba haciendo en ese edificio. Realmente perdió la mente, no sabía nada. Alguien caminó hacia ella, la llamó por su nombre y le dijo: "Te veré después del trabajo, te puedo llevar a tu casa". Por las palabras de esa persona, ella pudo deducir su nombre. Al seguir a la mujer a su casa, revisó su bolsa, encontró algunas llaves y con una de ellas pudo abrir la puerta. Es aquí en donde nosotros la localizamos—en su casa y totalmente despistada.

Pensamos que este suceso era demoníaco. Si la hubiéramos llevado a alguna oficina de gobierno, la habrían puesto en una clínica para enfermos mentales en alguna parte, la habrían drogado, y probablemente nunca más habría sido la misma persona. Sabíamos por esto que la respuesta para ella era espiritual, no física.

La encerramos en una habitación. No sabíamos nada, excepto que obviamente esto, era cosa del diablo. Así que empezamos a orar y a cantar. Entonces esta mujer se volvió violenta. En una ocasión, cuando la estábamos deteniendo, nos empujó—con un brazo—a dos de nosotros arrojándonos por encima de su cabeza y contra la pared. Con una fuerza sobrenatural, ¡tal como la del llamado Legión en la Biblia! (Lucas 8:29-30).

Así que empezamos a ver manifestaciones demoníacas. La encerramos en esa habitación y nos turnamos, rehusándonos a darnos por vencidos. A pesar de que no sabíamos exactamente cómo ministrarle la liberación, por siete días vimos toda clase de demonios salir gracias a nuestra persistencia y fe. De ahí que lo ocurrido se divulgó haciendo que la gente viniera. Vimos a muchos liberarse, pero también hicimos algunas rarezas (i.e., Atribuirle poder al diablo y darle mucho más crédito de lo debido).

"¡Esta Noche No!"

Un miércoles en la tarde, un hombre homosexual con el que habíamos estado hablando durante varias semanas preparándolo para su liberación, llegó al servicio de mitad de semana. Había traído a otro homosexual con él, quien también necesitaba ser liberado. Me dijo: "¡Estoy listo para ser liberado esta noche!"

Le respondí: "Esta noche no."

"¿Por qué no?"

"Porque sólo estoy yo. El pastor asociado se fue a una conferencia." Nosotros éramos los que echábamos a los demonios fuera de la gente.

Respondió: "¡Yo no voy a dejar este lugar con estos demonios!"

"¡Y yo no los voy a echar fuera!"

Me vio directamente y declaró: "Mejor haga algo, porque no voy a salir con ellos."

No tenía idea de qué hacer, así que le pedí a Jamie que me apoyara. Todavía no era mi esposa, pero éramos compañeros de oración. Ella nunca antes había visto a un demonio ser echado fuera de nadie. De hecho, ¡aún no era bautizada con el Espíritu Santo! Pero Jamie fue conmigo a la parte trasera de la iglesia.

Este cuarto tenía ventanas en dos de sus lados y las sillas estaban apiladas a lo largo de toda la pared. Empecé a hablar con este hombre y le dije: "No voy a hacer esto."

Me respondió: "¡Mejor clamas la sangre!" Éste era otro concepto raro que se nos había enseñado. Teníamos que "clamar la sangre" para impedir que entraran en nosotros los demonios que salieran de ellos. ¡Esto es totalmente incorrecto!

Empecé a orar, "¡Padre, no sé que hacer!" Inmediatamente el hombre cayó al suelo, empezó a ladrar como perro, retorciéndose como una serpiente, y arrojando las sillas contra las ventanas. Su otro compañero endemoniado se subió hasta la cima de una pila de diez sillas. ¡Jamie permaneció ahí orando tan rápido y furiosa como pudo!

Súper Simple

No sabía qué hacer, así que empecé preguntando su nombre a los demonios. "¿Cuál es tu nombre? En el nombre de Jesús, ¡dime tu nombre!" No quiero entrar en detalles, ya habíamos elaborado sistemas para nombrarlos y hablar con ellos. Toda clase de manifestaciones demoníacas ocurrieron.

Estos demonios se estaban burlando de mí. Se manifestaban, se nombraban a sí mismos y se iban antes de que otro empezara a manifestarse. Oré, con desesperación: "Oh Dios, ¡ayúdame!" El Señor sólo me recordó cuando Él ordenó al espíritu inmundo que se callara y que saliera (Mr. 1:25). Pensé: " *Bien, esto sería bueno*". Así que ordené: "¡en el nombre de Jesús, les ordeno a todos ustedes que se callen y salgan de este hombre!" Y—¡BOOM!—él instantáneamente se detuvo.

Este hombre cayó al suelo y parecía estar muerto. Pero cuando lo giré, estaba adorando a Dios, diciendo: "¡Gracias, Jesús! ¡Soy libre! Se fueron. ¡Gracias!" Había sido totalmente liberado. Creemos que por lo menos diez demonios dejaron a este hombre.

Pensé: "¡Esto fue mucho más fácil en comparación con lo que normalmente hacemos!" Habíamos estado acostumbrados a hablar con ellos, preguntándoles sus nombres y haciendo todas estas otras cosas. En ese momento decidí: "Le he estado dando al diablo demasiada importancia." Había pensado que tenía que clamar la sangre, tener por lo menos a dos personas presentes, etc., etc., etc. ¡Pero ninguna de estas cosas era necesaria! Sólo hablé con fe y —¡BOOM!—se fueron. Mientras estudié La Palabra, mi valor creció conforme descubría que así fue como lo hizo Jesús.

Atacado Físicamente

Durante ese período de tiempo, inadvertidamente puse un enfoque excesivo en el diablo. Puesto que había tanta gente que acudía a nosotros por su liberación y sucedían muchas cosas demoníacas, constantemente estábamos hablando de Satanás. Me di cuenta que estaba pasando más tiempo hablando del diablo en "oración" que de Dios (en ese entonces oraba de dos a cuatro horas al día). Supe que algo tenía que estar mal al respecto.

Hoy mucha gente practica esta clase rara de "guerra espiritual." Toda su "vida de oración" está consumida con atar y reprender al diablo. En el proceso, constantemente se están dirigiendo y hablando a Satanás durante sus tiempos de oración por más tiempo del que dedican a hablar con Dios. ¡Algo está mal con esto!

Durante este mismo tiempo, trataba de inaugurar el Centro Cristiano Arlington en Arlington, Texas. Rentamos un edificio que previamente había sido una casa de fraternidad. Íbamos a convertir esta casa en un lugar en que pudiéramos alojar y ayudar a las personas con problemas demoníacos. Lo pintamos y estábamos en el proceso de limpiarlo.

Una noche, dirigí una reunión de oración durante toda la noche ahí con toda mi iglesia. Todos los demás habían venido, orado y luego se habían ido, así que me dejaron solo en ese edificio. Mientras seguía orando, algo en el salón empezó a estrangularme. Yo no vi nada, pero físicamente estaba siendo estrangulado y golpeado. ¡Los demonios me atacaron físicamente!

"¿Qué Quieres Decir?"

Salí corriendo de ese edificio, cerré la puerta tras de mí y salté a mi carro. Echándome para atrás de la entrada de los autos, estaba justo a punto de hacer rechinar las llantas dando un arrancón para salir volando de allí cuando el Señor me habló. Me preguntó: "¿A dónde vas?"

Respondí: "¡Dios, me voy de aquí. Hay demonios en este edificio!"

Serenamente continuó: "En Efesios 6, toda la armadura que usas en contra del enemigo es para el frente. No hay armadura para la espalda."

Aunque le pregunté: "¿Qué quieres decir?" Lo supe en mi corazón. Quiso decir que no podía darle la espalda al diablo. Tenía que enfrentarlo. Pero proseguí y como quiera le pregunté de nuevo, diciendo: "Señor, ¿qué quieres decir? No quieres que regrese nuevamente a esa casa, ¿o sí?" Silencio.

El Señor no discutirá contigo. Sólo hará una declaración y dejará que decidas qué es lo que vas a hacer con esto. Eran como las dos o tres de la mañana. Después de estar sentado en ese carro por un rato, finalmente regresé a la entrada de autos, apagué el motor y regresé. Me encerré en esa casa y luché contra esos poderes demoníacos hasta las seis de la mañana. Después, la casa estaba despejada y los demonios se habían ido.

Durante ese tiempo, también tuve una cantidad de sueños donde Satanás físicamente me atacaba. Después de despertarme y pensar: "Esto sólo es un sueño", me iba al baño y me daba cuenta de que estaba sangrando. ¡Definitivamente experimenté algunas manifestaciones demoníacas!

¡Demasiado Crédito!

Alguna gente diría: "Esto es porque el diablo es poderoso y te estabas metiendo en su territorio". No, le estaba dando a Satanás demasiada importancia en mi vida por todo el tiempo que pasé atando y reprendiendo, aprendiendo al respecto y enfocando mi atención en él. El Señor me mostró que había glorificado al diablo y le había dado más poder del que realmente tenía. Inmediatamente me arrepentí y decidí que la mejor defensa es una buena ofensiva. Así que empecé a ser constante y audaz alabando y adorando a Dios. Creí que si mantenía mi enfoque en el Señor, destruiría totalmente la incursión de Satanás en mi vida.

Han pasado más de treinta años y nunca he vuelto a tener otra manifestación demoníaca como esa. He tenido manifestaciones del diablo alrededor mío en la gente, como cuando lo estoy echando fuera de alguien. (Aún tengo algunas grabadas. Puedes oír las voces no humanas y los gritos que salen de la gente). Pero nunca he tenido que pelear físicamente con un demonio desde entonces. La única razón por la que esto sucedió en esa ocasión fue porque yo le había dado poder al diablo a través de mi propio miedo y del excesivo énfasis que yo estaba poniendo en él.

Esto sucede hoy vez tras vez en el Cuerpo de Cristo. Le hemos dado a Satanás demasiado crédito. Él es un elemento a considerar, anda alrededor nuestro, buscando a quien devorar, pero la única razón por la que el enemigo puede hacerle algo a alguien es porque le dan poder a través de su miedo. Mucho de lo que se ha enseñado como "guerra espiritual" hoy en día, es originada por atribuirle al diablo más poder y autoridad de lo que realmente tiene.

Las conferencias de "guerra espiritual" que le atribuyen al diablo gran poder y hablan acerca de tener que atar a los principados y potestades en algunos lugares antes de que cualquier cosa positiva pueda suceder, están ofreciendo ideas que son contrarias a La Palabra de Dios. Satanás tiene cero poder y cero autoridad. Todo lo que tiene es engaño. Pero estos falsos conceptos de hecho están haciendo que muchos Cristianos se rindan y le den poder al diablo.

CAPÍTULO 15

La Procesión Triunfante

Y a vosotros, estando muertos en pecados y en la incircuncisión de vuestra carne, os dio vida juntamente con Él, perdonándoos todos los pecados, anulando el acta de los decretos que había contra nosotros, que nos era contraria, quitándola de en medio y clavándola en la cruz, y despojando a los principados y a las potestades, los exhibió públicamente, triunfando sobre ellos en la cruz.

Colosenses 2:13-15, énfasis mío

D*espojar* significa "tomar todo lo de valor de un enemigo conquistado." Esta clase de "despojo" es del lugar de la conquista. Es conquistar a un enemigo y tomar todo lo que le pertenece.

Satanás, los principados y todos los demás poderes demoníacos han sido despojados. A través de la Cruz y de la Resurrección, Jesucristo despojó al diablo de todo poder y autoridad. El primer Adán pudo haberlos entregado en la Caída, pero el último Adán los recuperó en la Resurrección. Ahora Satanás no tiene poder ni autoridad. Su única arma es el engaño. Si tú te rindes a las mentiras del diablo, ¡él usará tu poder y autoridad en tu contra!

Mostrar viene de la misma palabra griega que se traduce como "exhibición" y "exhibir." En otras palabras, Dios exhibió—hizo una exhibición—de Satanás.

En la clase de biología de la secundaria, probablemente tuviste que atrapar insectos y otras cosas. Los matabas, los montabas en algo y luego escribías debajo lo que eran. Ahí estaban empalados por un alfiler que los sostenía en un tablero. Era una "exhibición".

Así es como veo al diablo: empalado, ¡clavado a la cruz con los mismos clavos que una vez sostuvieron a Jesús! En una exhibición—completamente despojado de todo valor. ¡Jesucristo hizo un espectáculo—una exhibición—de Satanás!

El Desfile de la Victoria

La frase traducida "triunfando sobre ellos" literalmente se refiere a la procesión triunfante (Col. 2:15). Los Romanos tenían la costumbre de desfilar, con los despojos de la guerra y el enemigo conquistado, enfrente de la gente cuando regresaban de una conquista. Cuando salían a pelear contra un enemigo, lo conquistaban, regresaban y hacían un desfile glorioso de la victoria. Si no ganaban, entonces no tenían esta "procesión triunfante."

Los ciudadanos Romanos sabían que si no hacían este desfile, el enemigo que los había estado aterrorizando, todavía no había sido derrotado. Estarían ansiosos aún y preocupados por su regreso. Su partido podía haber ganado una gran batalla, pero si no habían conquistado totalmente al general o rey contrario y no tenían este desfile, entonces el pueblo Romano vivía bajo el constante temor de que quizás una vez más éste formaría tropas en su contra.

Pero cuando conquistaban al enemigo, los Romanos tomaban a este general o rey del ejército enemigo y desfilaban con él—vivo o muerto—para que lo viera la gente. Si estaba muerto, mostraban su cabeza decapitada y su cuerpo sin vida. Sin embargo, normalmente preferían capturarlo con vida. Lo despojaban de toda la armadura, de sus vestiduras reales y de las joyas que lo hacían parecer fuerte e importante. Completamente desnudo y humillado, lo ataban a un caballo o a un carro. Lo hacían caminar o lo arrastraban por las calles. También le cortaban los dedos pulgares y los dedos gordos de los pies para que nunca pudiera ser capaz de sostener una espada ni estar de pie en la batalla. De esta manera, los Romanos hacían desfilar a sus enemigos ya conquistados.

Esta procesión triunfante mostraba a todos los ciudadanos Romanos que su enemigo había sido vencido. Esto desactivaba totalmente cualquier temor de que este hombre alguna vez pudiera ser capaz de montar otra campaña en contra de ellos. El desfile exhibía de tal manera que la gente común se burlaba de él, lo golpeaba y lo escupía. El propósito del desfile era eliminar completamente el miedo en el pueblo Romano.

La Biblia claramente declara que esto es lo que Jesús le hizo al diablo. Él lo derrotó absolutamente. Cristo destruyó a "aquel que tenía el imperio de la muerte, esto es, al diablo" para que pudiera Él "librar a todos los que por el temor de la muerte estaban durante toda la vida sujetos a servidumbre" (He. 2:14, 15). Observa que es el temor de la muerte el que abre la puerta a la servidumbre. Ahora Satanás no tiene poder en sí mismo. Sólo puede ir en tu contra con engaños. Pero Jesucristo nos liberó.

¿Te lo perdiste?

Hay un desfile de victoria, ¡una procesión triunfante! El diablo ha sido exhibido a través de Las Escrituras y se ha mostrado que es absolutamente un cero a la izquierda. ¡Él es un don nadie!

El problema es que casi todo el Cuerpo de Cristo se ha perdido el desfile—especialmente la gente del movimiento de "guerra espiritual." Satanás está vivo y hay una batalla que se está peleando, pero no es en los lugares celestiales contra seres demoníacos que tienen un gran poder y una gran autoridad. Todo lo que el diablo tiene es su tremenda habilidad para mentir y engañar. ¡No glorifiques a Satanás! ¡No le atribuyas un poder que realmente no tiene! Permanece firme en contra de sus mentiras y cree la verdad. Mantén tu atención en Dios, no en los demonios. La verdadera batalla está en tu cabeza. Por lo tanto, ¡recuerda el desfile!

Mucha gente del movimiento de "guerra espiritual" piensa que debes hacer todas estas cosas antes de que puedas ir a un lugar y efectivamente predicar el Evangelio. Tienes que "trazar un plan espiritual" y descubrir las cosas no santas que han sucedido para crear "fortalezas espirituales." Después debes enviar "intercesores" que pasen meses, años y décadas orando, reprendiendo y atando los poderes demoníacos para que la Palabra de Dios pueda, finalmente, tener un impacto. ¡Erróneo, erróneo, erróneo!

¡No existen precedentes para esto en la Palabra de Dios! No puedes encontrarlos en ninguna parte del Nuevo Testamento. ¡Esto está absolutamente equivocado!

Sí, hay poderes demoníacos. Sí, hay una jerarquía de demonios. Sí, están asignados a diferentes lugares. Pero, *NO*, ¡así no es como vas a lidiar con ellos! Es una deducción equivocada predicar que la razón por la que la mayoría de las personas no han nacido de nuevo y no han sido liberadas es que no hemos orado, ni hemos hecho la suficiente "guerra espiritual".

Jesús nunca envió a alguien por adelantado para orar, atar al diablo y preparar un lugar para que la Palabra de Dios pudiera avanzar. Él envió a sus discípulos por adelantado para que la gente supiera que Él estaba llegando. También hicieron milagros y atrajeron a la gente para que lo escuchara. Pero ni Jesús, ni Pedro, ni Pablo enviaron creyentes delante de ellos sólo para orar y hacer estas otras cosas. Esto es absolutamente erróneo. (Trato más profundamente esto en mi estudio titulado *Una Mejor Manera de Orar.*)

El Antiguo Testamento en Contraste con el Nuevo

En el Antiguo Testamento, encontrarás diferentes ejemplos de individuos que oraron por ciertas ciudades o por ciertas personas. Abraham intercedió por las ciudades de Sodoma y Gomorra (Gn. 18). Moisés intercedió por sus hermanos y los hijos de Israel (Nm. 12, 14). Suplicaron para obtener misericordia con un Dios de ira que quería ejecutar juicio por sus pecados. Sin embargo, esto es muy diferente en la actualidad. (Me refiero a esto en mi estudio *La Autoridad del Creyente.*)

Hay una gran diferencia entre lo que ocurrió en el Antiguo Testamento y lo que ocurrió en el Nuevo. En el Antiguo Pacto, Jesús no había hecho expiación por nuestros pecados. Él todavía no había ido al infierno por nosotros y no se había vuelto nuestro Intercesor Eterno (He. 7:25). Por lo tanto, era apropiado para estos santos del Antiguo Testamento pedir por misericordia, porque la misericordia todavía no se había dado totalmente. Había sido mostrada en una medida, pero como si fuera a crédito y no como una transacción real. La expiación todavía no había sido hecha.

Pero de este lado de la Cruz, hay una gran diferencia en la forma como nos relacionamos con Dios. Dios está derramando hoy misericordia y gracia, no ira (2 Co. 5:19). Él no está imputando los pecados del hombre sobre ellos. Es absolutamente erróneo pensar que Dios está enojado con nosotros por el pecado y que Él está listo para juzgar a la nación. Es incorrecto creer que Dios está a punto de abrir juicio a menos que nos arrepintamos y que los intercesores se unan para rogar e implorarle que aleje su ira. Jesucristo ya expió todo el pecado. Él es el Intercesor para terminar con toda esa clase de intercesión.

Hoy en día hay un tipo de intercesión que es santa. Consiste simplemente en decir: "Padre, sé que Tú eres un Dios bueno. Nos amas. Tú habrías perdonado a Sodoma y a Gomorra si solamente hubiera habido diez personas justas. Hay más de diez personas justas en este país. Sé que todas estas llamadas 'profecías' que dicen que a menos que nos arrepintamos Tú vas a enviar sentencia, tinieblas y destrucción no vienen de ti. Gracias, Padre, por que Tú no quieres juzgarnos."

No me malinterpretes—hay consecuencias por el pecado. Cuando la gente odia a Dios y deja de buscarlo, se vuelve mala y egoísta. El crimen y los problemas escalan. Tragedias y ataques terroristas suceden, pero esto sólo es sembrar y cosechar. Sembrar malas semillas y recoger una mala cosecha es diferente a que Dios envíe Su ira. Dios no está abriendo juicio a la gente en este día y hora. Vendrá un tiempo cuando Él lo hará, y Él será justo al hacerlo. Pero durante la Era de la Iglesia, Él está soltando misericordia y gracia.

Intercesión del Nuevo Testamento

Un intercesor del Nuevo Testamento reconoce que Dios le ha dado un giro a su ira a causa de la unción en la obra de Jesucristo. Ahora no hay necesidad de rogarle por misericordia de la manera en que Moisés lo hizo (Ex. 32:12). Jesús expió no sólo nuestros pecados sino los pecados del mundo entero. Dios ha cambiado su ira y ahora otorga su misericordia y gracia a toda la gente en todo lugar.

Es erróneo para un creyente nacido de nuevo pararse y decirle a Dios que se arrepienta como Moisés lo hizo. Moisés no estaba equivocado, porque en aquel tiempo Dios estaba derramando Su ira. Sin embargo, estamos viviendo un Nuevo Pacto.

Dios estaba en Cristo reconciliando consigo al mundo, no tomándoles en cuenta a los hombres sus pecados (2 Cor. 5:19).

Orar así: "Oh Dios, vuélvete de tu ira feroz. Oh Dios, derrama tu poder. Por favor, actúa," es negar la expiación y la intercesión del Señor Jesucristo.

Hay una gran diferencia entre la manera en que la intercesión se hacía en el Antiguo Testamento y la manera en que se hace en el Nuevo. Mucho de lo que se enseña hoy como "intercesión" y "guerra espiritual" es absolutamente una mentalidad del Antiguo Testamento. Esto es anti Cristo. Es negar la verdad de que Jesús despojó al diablo de todo poder y autoridad. Está glorificando a Satanás. ¡Básicamente, simplemente es la gente que se perdió el desfile!

El Antídoto para el Engaño

La verdadera guerra espiritual ocurre a un nivel personal. Resistes las mentiras y el engaño del diablo. Esto se logra principalmente por medio del conocimiento de la verdad.

Y conoceréis la verdad, y la verdad os hará libres (Jn. 8:32).

Entender la verdad es el antídoto para el engaño.

El poder y la fuerza del engaño vienen del hecho de que no sabes que estás siendo engañado. Pero una vez que te das cuenta de la norma adecuada— la verdad —el engaño inmediatamente pierde su poder.

Si alguien te estuviera aterrorizando y amenazando para matarte, tendrías miedo. Sin embargo, si te mostrara el cadáver de esa persona, tu miedo se iría inmediatamente. Una vez que sabes la verdad de su fallecimiento, sus amenazas ya no te intimidarán nunca más.

La Palabra de Dios es verdad (Jn. 17:17). Tomo la Palabra de Dios y medito sobre esto. A través de la Palabra, amo a Dios y tengo comunión con Él. También convivo con la gente del Señor y permanezco positivo al buscarlo constantemente. Éstas son algunas formas prácticas con las que personalmente emprendo mi guerra espiritual. ¡La mejor defensa es una buena ofensiva!

¡La alabanza es un arma poderosa en contra del diablo! Ésta literalmente lo vuelve loco. No puede estar de pie durante la alabanza y la adoración a Dios. Una vez cada dos meses, reprenderé y ataré al diablo sobre alguna cosa, pero esto no es porque él tenga un asombroso poder en mi contra. Es sólo que la batalla en mi mente—y en mis pensamientos—se ha vuelto tan intensa que verbalizo mi resistencia diciendo: "Reprendo estos pensamientos en el nombre de Jesús. ¡Satanás, tienes cero derecho y cero poder sobre mí!" Pero la mayor parte del tiempo, nunca tengo que decir nada en voz alta. Sólo me opongo a las mentiras que se atraviesan a mi paso con la verdad y continúo en constante alabanza.

Al principio quizás esto no es lo suficientemente agresivo, si has sido dominado por el diablo por mucho tiempo. Si estás endemoniado y estás tratando de librarte de esto, a lo mejor tienes que enfatizar, que reprender y que hablar más de estas cosas en voz alta. Sin embargo, una vez que seas libre, será bastante fácil mantener esa libertad, sólo por permanecer en la verdad.

¡Envía la Verdad!

Acostumbraba reprender a los demonios de otras personas cuando éstas venían a mí. Pero me he dado cuenta de que si echaba a un demonio lejos de alguien solamente con mi fe, realmente le estaría haciendo un perjuicio a ése alguien (Mt. 12:43-45). Estos espíritus malos regresarán a la persona nuevamente si ésta no sabe, entiende y aplica la verdad contra las mentiras que había creído.

La mejor manera de liberar a alguien es el decirle la verdad. Instruirlo en La Palabra de Dios. Enseñarle sobre la procesión triunfante y sobre su victoria en Jesús. Ayúdale a entender las promesas de Dios referente a sus problemas y anímalo a aplicar diligentemente esta verdad en sus pensamientos. Te podría dar cientos de testimonios de gente que me escuchó predicar la verdad de La Palabra de Dios y fueron liberados de demonios sin la necesidad de que yo reprendiera a un demonio. Estoy hablando de casos serios de personas endemoniadas—gentes que no estaban funcionando, incluso drogadictos y que hasta estaban en una institución mental—que fueron totalmente liberados simplemente porque escucharon la verdad y la recibieron en sus corazones. ¡Fueron liberados sin que yo orara por ellos!

Ha habido otras ocasiones cuando he echado demonios fuera de la gente. A veces Satanás ha arraigado ciertas mentiras tan profundamente en el pensamiento de algunos que todavía necesitan que otra persona ore y lo reprenda aun cuando han visto y abrazado la verdad. Por esto echo fuera demonios de la gente cuando estoy orando por salud depresión y cosas parecidas. Los demonios se van y la gente queda libre. Pero siempre les imparto alguna verdad para su protección y para impedir que el diablo regrese nuevamente.

Emprendo la guerra espiritual sobre una ciudad o un país ¡al enviar la verdad! Lo hago al compartir la Palabra de Dios a través de la televisión, la radio, cintas, Cds, libros, videos y la Internet.

Mientras la gente escucha la verdad, sus corazones se abren, se vuelven más receptivos al Evangelio. Después, también voy—o envío a otros que han sido entrenados—para predicar y enseñar La Palabra personalmente. ¡La verdadera guerra espiritual es traer la verdad de la Palabra de Dios a la gente!

CAPÍTULO 16

¡Proclama La Palabra!

P ablo es un gran ejemplo de la verdadera guerra espiritual. En Hechos 19, el apóstol predicó en la ciudad de Éfeso. Mientras estaba ahí, experimentó mucha oposición. De hecho, Pablo consideró dejar el pueblo, pero el Señor le dijo que se quedara y edificara a los creyentes. Más tarde en la historia de la Iglesia, Éfeso se convirtió en uno de los centros más activos e importantes de la Cristiandad. Sin embargo, a pesar de la oposición tan feroz, la Biblia nunca registra a Pablo guiando a los creyentes y uniéndolos para interceder, para hacer guerra espiritual y reprender a los principados demoníacos de la ciudad.

En ese tiempo, Éfeso era conocido por su diosa pagana "Diana de los Efesios." Su majestuoso y ornamentado templo era considerado una de las maravillas del mundo. La leyenda decía que su imagen había caído directamente del cielo dentro del templo. Por esta razón los devotos de todas partes de Asia venían a Éfeso a adorar.

Pablo nunca organizó a los creyentes para reprender a Diana de los Efesios. Nunca los convocó para hacer una "guerra espiritual" en contra de ella. ¿Qué fue lo que hizo en cambio? Pablo predicó la verdad. Él respondió a sus conceptos equivocados y le enseñó a la gente La Palabra de Dios. A través de la predicación audaz del

Evangelio, Pablo quebrantó el poder de Diana y vio multitudes en la ciudad recibir al Señor Jesucristo. Éste es el método bíblico: ¡Predicar la Palabra de Dios! Esto es exactamente lo que Pablo le aconsejó a Timoteo cuando el joven pastoreaba la creciente iglesia de Éfeso que su amado mentor había plantado.

> *"Toda la Escritura es inspirada por Dios, y útil para enseñar, para redargüir, para corregir, para instruir en justicia, a fin de que el hombre de Dios sea perfecto, enteramente preparado para toda buena obra.* **Te encarezco** *delante de Dios y del Señor Jesucristo, que juzgará a los vivos y a los muertos en su manifestación y en su reino, que* **prediques la Palabra***; que instes a tiempo y fuera de tiempo; redarguye, reprende, exhorta con toda paciencia y doctrina."*
>
> *2 Timoteo 3:16- 4:2, énfasis mío*

¿ Lidiando Con Diana Hoy?

Había poderes demoníacos reinando en Éfeso, pero Pablo nunca juntó "intercesores" y "guerreros de oración" para pelear. Él le dijo a la gente la verdad, los vio nacer de nuevo y ser liberados y los intruyó para salir y hacer lo mismo. La Palabra de Dios es lo que libera a la gente. ¡La verdad es lo que quebrantó el poder de Diana de los Efesios!

Hace varios años atrás, los líderes de los movimientos de intercesión y guerra espiritual fueron a Éfeso (Turquía en la actualidad). Creyeron que Dios les había dicho que el más grande poder demoníaco en nuestros días y época era Diana de los Efesios. Pensaron que era el principado que realmente controlaba a la gran cantidad de gente musulmana que vive en las partes más desatendidas del mundo de la región llamada: "La Ventana 10/40 (también se le conoce como 'El Cinturón Resistente.)'" En el anfiteatro de Éfeso (ruinas desde la época de Pablo), se reunieron cerca de 20,000 "intercesores" y "guerreros de oración" de todo el mundo. Todo lo que hicieron fue orar y hacer "guerra espiritual" para "destruir" a Diana de los Efesios.

No predicaron el Evangelio. No fueron ahí a compartir la verdad de la Palabra de Dios y a ganar a la gente para el Señor. En cambio, todos se congregaron y simplemente realizaron un servicio de alabanza y oración en donde supuestamente "lidiaron con" Diana de los Efesios. ¡Esto es exactamente opuesto a lo que Pablo hizo!

Personalmente, no creo que "Diana de los Efesios" todavía sea un elemento a considerar. Fue derrotada 2,000 años atrás por Pablo y su rápida propagación de la verdad del Evangelio. ¡Nadie adora a Diana hoy! Por supuesto, la gente del movimiento de "guerra espiritual" dirá que es la misma entidad demoníaca detrás de la fe del Islamismo. Sin embargo, éste es un argumento completamente subjetivo. Es la impresión que tienen, pero no hay manera bíblica de aclararlo o verificarlo. Por lo tanto, no creo que sea verdad.

Sí, hay entidades demoníacas operando en el mundo hoy. Están ahí porque la gente les ha dado poder, cediendo a sus mentiras. La manera para cambiar la situación no es tratando directamente con los demonios en oración. Su poder es cortado cuando la gente cree la verdad. Conforme las personas, las familias y las comunidades dejan su engaño, los poderes demoníacos serán debilitados y quebrantados.

¿Quién Llegó Primero?

Muchos Cristianos piensan que en la Ciudad de San Francisco hay poderes demoníacos de homosexualidad y lesbianismo rondando la ciudad y que mantienen a esa gente en esclavitud.

Probablemente haya más concentración de esos espíritus en particular habitando ahí, que en otros lugares, pero ¿cómo tratas con ellos?

La gente del movimiento de la guerra espiritual trata de enfrentarse a esto a través de la oración de la intercesión, la cartografía de areas dominadas por demonios, las caminatas de oración, atar al diablo y otra clase de cosas similares. Éste no es un modelo Bíblico del Nuevo Testamento. Estos poderes demoníacos realmente no son un elemento a considerar, excepto el hecho de que la gente haya cedido y les haya dado poder. ¡No puedes simplemente atar estos principados y ordenarles que se vayan!

Algunos Cristianos piensan que si sólo te deshaces de los poderes demoníacos, entonces la gente será liberada para responder al Evangelio. ¡Esto es totalmente al revés! Cuando la gente responde a la verdad, los demonios perderán su poder y se irán.

¿Quién llegó a San Francisco primero—los demonios o los homosexuales? Algunas personas que fueron homosexuales, o que los favorecían, fueron electos para ocupar puestos de poder en el gobierno. Aprobaron leyes dando beneficios especiales, beneficios legales y otras cosas que hicieron a San Francisco atractiva para los homosexuales. Por lo tanto, homosexuales de todo el país y del mundo se reunieron en San Francisco. No había ahí poderes demoníacos que atrajeran a esta gente. Los homosexuales vinieron y trajeron a sus demonios con ellos.

No te deshaces de los poderes demoníacos de homosexualidad por entrar en lugares celestiales y pelear directamente con ellos. En lugar de eso, predica la verdad. Conforme la gente entiende y cree que Dios los ama y que Él creó a Adán y a Eva, no a Adán y a Pedro, serán liberados. Entonces resistirán a esos demonios con la verdad, y el clima entero sobre San Francisco cambiará.

"El Alma Que Peca Morirá"

Tengo amigos que piensan que los Estados Unidos de América no verán avivamiento hasta que haya arrepentimiento y perdón por las atrocidades cometidas en el pasado contra los Indios Americanos. Piensan que debemos hacer "guerra espiritual" para desalojar a los demonios que vinieron con fuerza sobre nuestro país a través de pactos rotos y la sangre inocente derramada siglos atrás. Nuevamente, esto contradice las Escrituras del Nuevo Testamento. Quizás seas capaz de citar algunos versículos del Antiguo Testamento, pero estos conceptos no encajan con La Palabra de Dios después de la venida del Mesías.

Ezequiel profetizó que todo individuo responderá por su propio pecado—y del de nadie más—bajo el Nuevo Testamento.

> ¿Qué pensáis vosotros, los que usáis este refrán sobre la tierra de Israel, que dice: Los padres comieron las uvas agrias, y los dientes de los hijos tienen la dentera? (Maldición generacional) Vivo yo, dice Jehová el Señor, que nunca más tendréis por qué usar este refrán en Israel. He aquí que todas las almas son mías; como el alma del padre, así el alma del hijo es mía; el alma que pecare, esa morirá.
>
> *Ezequiel 18:2-4, mi paréntesis.*

Hoy Dios no juzga a los hijos por los pecados de sus padres (Ez. 18:20).

Hubo grandes atrocidades cometidas en contra de los Indios Americanos. Mi esposa es una India Americana, pero no está llena de amargura, ni alberga heridas por lo que sucedió siglos atrás. Si yo conociera a un Indio Americano que estuviera enojado conmigo por lo que mi tata, tata, tatarabuelo le hizo a su gente, me disculparía, porque eso estuvo mal y no debió haber pasado; pero esto no es lo que está reteniendo a este hombre o a alguien más en esclavitud hoy.

Este hombre es responsable delante de Dios por sí mismo. No es un producto de lo que sucedió hace 300 años. Estas cosas quizás lo influenciaron, pero es absolutamente su elección el escoger la vida o la muerte. Si él pudiera entender y creer la verdad de que Jesucristo arregló el problema del pecado de una vez y por todas en la cruz, el perdón lo liberaría. El engaño es lo que nos mantiene con ataduras y la verdad es la que nos libera.

¡Simplemente me rehúso a darle poder al diablo! Al decir que el avivamiento no puede ocurrir hasta que hagamos todas estas cosas, es darle un poder a Satanás que realmente no tiene.

Europa

Algunos Cristianos de hecho han vuelto a trazar la ruta de las Cruzadas (de los siglos undécimo, duodécimo y décimo tercero) a través de Europa. Han hecho penitencia y se han disculpado con los descendientes de la gente que ellos creen que sus antecesores hirieron siglos atrás. Han hecho todo esto creyendo que Europa permanecerá en una oscuridad espiritual hasta que esta "reconciliación" se lleve a cabo. ¡Error!

¿Qué es lo que mantiene a Europa en esta oscuridad espiritual? ¡No han oído y creído la Palabra de Dios! Los canales de televisión Europea censuran estrictamente mis programas. Frecuentemente editan tanto mis programas que le quitan demasiado poder a éstos. En una ocasión, le quitaron el sonido a algo que dije sobre el darles nalgadas a tus hijos; como si esto fuera una blasfemia. No puedo decir: "Jesús es el camino y la verdad y la vida." En lugar de eso, tengo que declarar: "La Biblia dice que Jesús es el camino y la verdad y la vida." Tengo que presentar esto como una opinión, no como un hecho. La Palabra de Dios ha sido obstaculizada en las transmisiones de Europa. Es la carencia de la verdad de La Palabra de Dios lo que mantiene a Europa en las garras de Satanás.

Por toda Europa, han aprobado leyes en contra de la predicación del Evangelio. En Francia, han hecho ilegal el evangelizar. Si tú impones manos sobre alguien y oras por su sanidad, podrías ser llevado a la cárcel por practicar la medicina sin licencia. Todas estas cosas están en contra del Evangelio. La razón por la que Europa permanece en este estado es que no están abiertos a las Buenas Nuevas, no por causa de los poderes demoníacos.

Los poderes demoníacos son parte de esto. Están inspirando a las personas para que tomen esas medidas. Pero no puedes resolver el problema sólo haciendo "guerra espiritual" y atando los demonios; ¡tienes que introducir La Palabra de Dios entre la gente!

Predicando y Enseñando

Los Cristianos han gastado millones de dólares viajando a algunas de las naciones menos evangelizadas. Van allá y "dan un paseo de oración;" en otras palabras, sólo caminan alrededor "atando" los poderes espirituales. Se les ha dicho específicamente que no le ministren a nadie—que sólo oren. Si la misma cantidad de dinero se invirtiera para predicar el Evangelio a estas personas no alcanzadas, ¡habría avivamiento! ¡Aquél es un enfoque equivocado y no está funcionando!

Esa reunión en Éfeso con las 20,000 personas que sólo fueron a orar e hicieron "guerra espiritual" ocurrió antes de los ataques terroristas del 11 de Septiembre de 2001. Esto no quebrantó los poderes demoníacos que obran entre los musulmanes extremistas. Nunca lo hará. Éste no es un método Bíblico para tratar con la influencia demoníaca en la vida de las personas. ¡Estoy haciendo todo lo que puedo para predicar La Palabra! Estamos enseñando

La Palabra de Dios por la televisión y por el radio en América, Europa y alrededor del mundo. Distribuimos miles de cintas y Cds cada año. Muchos de nuestros materiales (i.e., mensajes de audio, artículos y comentarios Bíblicos) están disponibles en la internet en forma gratuita. También apoyamos internacionalmente a muchos obreros Cristianos que valientemente están predicando el Evangelio. ¡Éste debería ser el enfoque de la Iglesia entera!

CAPÍTULO 17

Una Táctica del Diablo

"La guerra espiritual," como popularmente se presenta hoy, realmente es una táctica del diablo. Considera los frutos: Los Cristianos están animando a los Cristianos a no predicar el Evangelio a cambio solamente "orar." Quizás te preguntes: "¿Por qué quisiera Satanás que los Cristianos oraran más?" ¡Simple! El diablo se deleita cuando nos entregamos a oraciones sin fruto, oraciones religiosas.

¿Quién crees que "inspiró" las llamadas "oraciones" de los escribas, los fariseos y los hipócritas que Jesús enfáticamente denunció? Sonaban trompetas, se paraban en las esquinas de las calles y hacían otras cosas religiosas semejantes cuando "oraban." Si piensas que el diablo nunca animaría a la gente a simplemente "orar," estás equivocado. La historia de la iglesia da ejemplo tras ejemplo de cómo el enemigo atrae a los Cristianos a hacer toda clase de calistenia espiritual impresionante—pero sin poder.

Como creyentes, nuestro enfoque debe ser predicar el Evangelio y proclamar la verdad de La Palabra de Dios a toda la gente en todas partes. Sin embargo, hoy hay grupos que están gastando grandes cantidades de dólares para enviar cientos, y hasta miles, de Cristianos alrededor del mundo en los tan llamados "viajes misioneros," con instrucciones de no predicar el Evangelio. "¡No le testifiques a nadie! Tu trabajo es sólo caminar, orar y hacer guerra espiritual." Aunque sus corazones pudieran estar en lo correcto y la vida de algunos participantes sea positivamente impactada por las misiones, en general, ¡esto es erróneo, erróneo y erróneo! Si utilizaran la misma cantidad de dinero y esfuerzo y lo invirtieran en predicar el Evangelio, distribuyendo folletos y compartiendo la verdad en esas naciones, verían resultados infinitamente mayores.

Predica y Ora

No es cuestión de escoger entre orar o predicar, ambas acciones deberían hacerse juntas. La oración es como el agua para la semilla. Si la semilla ha sido plantada, entonces necesita ser regada. Pero pueden echar agua, agua y agua a la tierra estéril y nada saldrá de esto. La gente nace de nuevo por la semilla incorruptible de La Palabra de Dios (1 P. 1:23). Por lo tanto, ¡antes de que riegues, debes plantar la semilla!

Cuando Pablo fue a predicar, le pidió a sus amigos que oraran por él: "*Y por mí, a fin de que al abrir mi boca me sea dada palabra para dar a conocer con denuedo el misterio del Evangelio*" (Ef. 6:19).

Él no dijo: "Ora para que los oídos de la gente sean abiertos. Ora para que los poderes demoníacos (como Diana de los Efesios) se vayan" ¡No! Pablo le pidió a la gente que orara para que hablara con revelación, con autoridad y con poder y para que los milagros fueran hechos en el poderoso nombre de Jesús.

La oración es una parte importante del Evangelio, pero nunca puede substituir la predicación de La Palabra de Dios. El denuedo de Pablo para compartir la verdad literalmente destruyó el poder de Diana de los Efesios. Finalmente, Demetrio y los otros plateros se reunieron porque casi se quedaban sin trabajo. La gente había dejado de comprar las imágenes de sus ídolos paganos. Decían:

Y no solamente hay peligro de que este nuestro negocio venga a desacreditarse, sino también que el templo de la gran diosa Diana sea estimado en nada, y comience a ser destruida la majestad de aquella a quien venera toda Asia, y el mundo entero (Hch. 19:27).

Hasta que recientemente los intercesores de la guerra espiritual la desenterraron y le otorgaron el poder que anteriormente no tenía, Diana de los Efesios no había sido un elemento a considerar en casi 2,000 años. ¡Tal es el poder de La Palabra de Dios!

Dios ya cumplió todo. Él ya nos lo dio en el reino espiritual. La única guerra que estamos peleando es la de luchar para recibir esta provisión como una manifestación física.

La Verdad Libera a la Gente

¿Cómo se pelea esta batalla? ¿Es en los lugares celestiales? ¿Tenemos que subir edificios altos y rentar aviones para pelear contra la maldad en los lugares altos? ¿Debemos enviar gente a países extranjeros alrededor del mundo para reprender al diablo ahí?

Si los poderes demoníacos fueran verdaderamente la fuerza que la gente cree, no tendrías que subirte a un edificio o rentar un avión para acercarte a ellos. Tampoco tendrías que enviar gente a los países extranjeros para orar. No es que nuestras oraciones sólo funcionen en un radio de cien metros. Aun si estas ideas fueran verdad, simplemente podrías atar a los demonios desde ahí donde estás. ¡La oración es así de poderosa!

Pero no tienes que hacer estas cosas. ¡En lugar de eso predica la verdad! Transmite Su Palabra por radio, televisión e internet. Distribuye folletos, libros y otra literatura de calidad. Instruye a discípulos y envíalos fuera. Establece Institutos Bíblicos e Iglesias por dondequiera. Por lo menos, vuélvete un socio de un ministerio y apoya el trabajo de alguien que esté haciendo estas cosas. ¡El Nuevo Testamento enfatiza la proclamación de La Palabra de Dios!

Sin embargo, el énfasis popular no ha sido la predicación de La Palabra. En lugar de eso, la mayoría de las personas del movimiento de la guerra espiritual tiene toda clase de rarezas. Inclusive he escuchado informes de reuniones públicas donde las mujeres se colocaron encima de los hombres y experimentaron los movimientos del parto. Lo llaman "fatigarse" y creen que eso es "la guerra espiritual." Realmente sólo es obsceno y totalmente profano. ¡El Señor nunca guió a nadie a hacer esa clase de cosas!

¿Estoy en contra de la verdadera guerra espiritual? ¡No! ¿Estoy en contra de la verdadera intercesión? ¡No! Sólo estoy en contra de la rareza que hoy se llama "guerra espiritual" e "intercesión." El Cuerpo de Cristo necesita reexaminar estas enseñanzas a la luz de La Palabra de Dios y del Nuevo Pacto.

La única razón por la que Satanás es un elemento a considerar, es porque hay mucha gente engañada que le da poder y promueve sus doctrinas. Si predicáramos sólo la verdad, el diablo sería reducido a nada. Pero como hay tanto error—no sólo en el mundo, sino también en el Cuerpo de Cristo—estaremos constantemente luchando contra las mentiras, con la verdad, hasta que Jesús regrese. Nadie tiene todo resuelto, así que constantemente estamos renovando nuestras mentes con la verdad. Hay cosas con las que luchamos y la guerra espiritual es real, pero no es porque Satanás tenga todo este poder, es porque ha engañado a tanta gente. El antídoto no es la intercesión, ni atar a los poderes demoníacos, ni enlistar a millones de Cristianos para "orar"; es decirle la verdad a la gente y verlos liberados.

Avivamiento

Lo mismo es verdad respecto al avivamiento. Estoy a favor del avivamiento. Quiero ver los efectos positivos del avivamiento por toda América y que toque al mundo entero. Necesitamos un avivamiento, ¿pero qué hacemos para recibir uno?

Los "intercesores" dicen que debemos orar con más fuerza, y reclutar más y más gente, cientos, miles, un millón, diez millones para orar y ayunar con nosotros. Ellos ven a Dios como el único responsable de enviar un avivamiento y piensan que Él lo está reteniendo por alguna razón desconocida. Puesto que Él "no está contento," están arrepintiéndose, dando compensación y cosas semejantes para apaciguarlo y que envíe el avivamiento.

¡Dios ya ha sido sosegado! Jesucristo hizo expiación por todos los pecados 2,000 años atrás. Dios ya no está enojado. A través de Su muerte, de Su entierro y de Su resurrección, Jesucristo soltó todo el poder necesario para un avivamiento masivo mundial hace mucho tiempo. Sólo que nosotros no lo hemos recibido.

Necesitamos creer que Dios ya lo hizo, no rogarle, ni suplicarle por un avivamiento. ¡Empieza a ser un recipiente de los milagros de Dios para los demás! Empieza a sanar a los enfermos y a resucitar muertos, te garantizo que verás los efectos del avivamiento. De hecho, ¡tendrás todo el avivamiento que puedas manejar! Definitivamente estoy a favor del avivamiento. Pero éste va a venir cuando la gente se rinda a Dios, no mientras le torcemos más el brazo a través de la "intercesión" y la "guerra espiritual."

Sé que mucha gente rechazará estas verdades que estoy compartiendo porque son muy contrarias a la corriente principal contemporánea de teología que prevalece en el Cuerpo de Cristo. Aunque sólo habemos unos pocos predicando esto ahora mismo, te invito a darle otra mirada a La Palabra de Dios por ti mismo.

Estudia la expiación de Jesús. Sigue el ejemplo del libro de Hechos. No encontrarás la "intercesión" o la "guerra espiritual" efectuada como se promueve hoy en día. Satanás es un elemento a considerar, pero no es la amenaza poderosa en que lo ha convertido la gente que se perdió el desfile.

Jesús: ¡Nuestro Poderoso Libertador!

Visualiza la procesión triunfante. Ve a Satanás derrotado, despojado de todo poder y autoridad y clavado en la cruz. Permite que esta visión del diablo—empalado y en exhibición—se sumerja en lo más profundo de tu corazón. Una vez que has estado en el desfile de la victoria, nunca le temerás nuevamente. Satanás no será capaz de intimidarte de la manera como lo hizo en el pasado. ¡Serás liberado y serás capaz de predicar audazmente la libertad de Dios a los demás!

CAPÍTULO 18

Pon Tu Fe A Trabajar

N o necesitas más fe, ¡así que deja de tratar de obtenerla! Si naciste de nuevo, ya se te dio toda la fe que necesitarás. Ahora mismo, tienes más que suficiente fe. ¡Sólo que eres ignorante de lo que se te dio y de cómo usarlo!

Los discípulos tuvieron el mismo problema. Observa la respuesta a la enseñanza de Jesús:

> *Mirad por vosotros mismos. Si tu hermano pecare contra ti, repréndele; y si se arrepintiere, perdónale. Y si siete veces al día pecare contra ti, y siete veces al día volviere a ti, diciendo: me arrepiento; perdónale. Dijeron los apóstoles al Señor: auméntanos la fe.*
>
> *Lucas 17:3-5*

Jesús resucitó gente de entre los muertos, sanó los ojos de los ciegos y los oídos de los sordos, sanó leprosos, echó fuera demonios e hizo muchas otras cosas milagrosas que nadie jamás había hecho. Sin embargo, fue Su mandamiento de que continuamente perdonemos—no todas esas otras cosas—lo que provocó que sus discípulos dijeran: "¡Señor, auméntanos la fe!"

¡La fe es para todos los días de la vida! No es sólo para llevar a cabo una sanidad milagrosa y ver una manifestación en relación a la riqueza. Aunque estas cosas son importantes, son tus relaciones interpersonales diarias las que pondrán la más grande demanda sobre tu fe. Fallaste si pensaste que la fe es principalmente para situaciones imposibles, como cuando el doctor dice que vas a morir o cuando estás enfrentando la bancarrota. La fe ciertamente se aplica a tus crisis, pero necesitas fe con la gente que vives y trabajas cada día de toda la semana. ¿De qué otra manera podrías voltear la otra mejilla cuando alguien te lastima?

Se requiere fe para amar siempre incondicionalmente y perdonar a tus compañeros de trabajo, tu cónyuge, tus hijos, tus padres y tus vecinos. Los discípulos estaban tan agobiados por el mandamiento de Jesús de perdonar—aun siete veces en un día— que exclamaron: "¡Señor, auméntanos la fe!"

Más que Suficiente Fe

Jesús respondió: *"Si tuvierais fe como un grano de mostaza, podríais decir a este sicómoro: Desarráigate, y plántate en el mar; y os obedecería"* (Lucas 17:6).

En un sentido, parece como que Jesús en realidad no contestó su pregunta. Le pidieron: "Auméntanos la fe," y Él respondió: "Si tuvieras fe del tamaño de una semilla de mostaza, podrías hacer esto." Lo que el Señor les estaba diciendo era: "Hombres, no necesitan más fe. No tienen un problema de fe. ¡Sólo que no están usando la fe que ya recibieron!"

Una semilla de mostaza es una de las semillas más pequeñas que hay. Es tan diminuta que cuando sostienes una entre tu dedo pulgar y el índice, es difícil decir que tienes algo ahí. Jesús dijo: "Si tu fe es sólo este tanto—del tamaño de una semilla de mostaza—podrías decirle a este árbol que sea plantado en el mar y te obedecería." En otras palabras, no necesitas una fe "grande," o incluso "más" fe. Sólo necesitas aprender cómo usar la fe que ya tienes.

La mayoría de los Cristianos de hoy no tienen este concepto. Creen que la fe funciona pero piensan que la suya es deficiente. ¡Esto es un engaño del diablo! Satanás nos ha cegado para que no veamos lo que ya tenemos.

Ya posees la misma cantidad y calidad de fe que Jesús tuvo cuando Él caminó sobre la tierra. Esa fe está dentro de todo creyente nacido de nuevo. Satanás le miente a los Cristianos para impedirles que entiendan esto. Creen que la fe funciona, pero que ellos no tienen suficiente. Piensan que viene y se va, a veces fuerte, otras débil. Es como si no pudieran manejarla, ni sostenerla, ni controlarla porque es intangible. Ésta es una actitud totalmente equivocada acerca de la fe. Tú tienes ahora mismo más que suficiente fe. ¡Sólo necesitas usarla!

Un Sirviente Llamado "Fe"

Después, en los versículos 7-10, Jesús se refirió a una parábola para ilustrar lo que Él quería decir. Si entiendes que ya tienes fe, y que necesitas usar lo que tienes, entonces esta parábola tiene sentido. Si tratas de aplicarla de otra forma, esta parábola no tiene ningún sentido. El contexto determina el significado.

¿Quién de vosotros, teniendo un siervo que ara o apacienta ganado, al volver él del campo, luego le dice: pasa, siéntate a la mesa? ¿No le dice más bien: prepárame la cena, cíñete, y sírveme hasta que haya comido y bebido; y después de esto, come y bebe tú? ¿Acaso da gracias al siervo porque hizo lo que se le había mandado? Pienso que No. [Español Antiguo por "¡no es así ...!" O "¡así no es como funciona!"] *Así también vosotros, cuando hayáis hecho todo lo que os*

ha sido ordenado, decid: siervos inútiles somos, pues lo que debíamos hacer hicimos.

Lucas 17:7-10, corchetes míos.

Jesús estaba diciendo: "¡Necesitas usar la fe que ya recibiste! Aun cuando sólo es tan grande como una semilla de mostaza, es suficiente para echar un árbol al mar. Si poseyeras un siervo, ¿lo pondrias a trabajar?, ¿lo harías? Pues ya tienes uno (tu fe). ¡Ahora ponla a trabajar!"

La servidumbre y la esclavitud eran parte de la vida diaria en la época de Jesús. Si tú poseías un esclavo, esperabas que te sirviera. No importaba si estaban cansados o si acababan de llegar de trabajar todo el día en los campos. Si era la hora de la cena, esperabas que te sirvieran tu comida. Su tiempo para comer era después de que terminaras y estuvieras satisfecho. No comían contigo y definitivamente no comían antes que tú. ¡Tú eras el patrón!

Hoy en día en el estado político, mental, quisquilloso y sensible, la mayoría de la gente diría: "Bien, ¡no deberías tratar a un sirviente de esa forma!" Pero en el tiempo que Jesús dijo esta parábola, los sirvientes y los esclavos no eran mimados; eran usados. No les permitían que se quedaran alrededor y no hicieran nada todo el día simplemente porque el amo no quería abusar de ellos. Tampoco eran amables y gentiles con ellos. Les ordenaban que se encargaran de las necesidades del patrón antes de las suyas. No tenías que ser malo o feo por esto, pero como su patrón, definitivamente les dabas órdenes. ¡Si tenías un esclavo, lo ponías a trabajar!

La fe debería ser puesta a trabajar, no mimada. No usar tu Fe es como permitirle a tu esclavo que se siente en el sofá y no haga nada sino ver televisión todo el día. En vez de fortalecerse y ser más eficiente por el uso, sus músculos se atrofian y sus habilidades se vuelven torpes. Después te preguntas por qué tu fe no está produciendo nada. ¡No la has puesto a trabajar! ¡No la estás usando! Empieza a poner tu fe a trabajar de la manera en que el patrón usa un esclavo. No es cuestión de no tener el sirviente; ¡es cuestión de no usar lo que ya recibiste!

El Don de Dios

La mayoría de los creyentes son ignorantes de la fe que ya tienen. Si comienzo a darte algunos testimonios de lo que la fe ha logrado—los muertos resucitados, los ojos de los ciegos y los oídos de los sordos sanados, provisiones milagrosas—dirías: "¡Gloria a Dios!" "Creo que estas cosas ocurren."

Si estuviéramos en un servicio donde alguien murió y yo preguntara: "¿Cuántos creen que el Señor puede resucitar a esta persona de entre los muertos?" Estarías de acuerdo conmigo en que esto puede suceder. Si pregunto: "¿Cuántos creen que si oro, esta persona resucitará de entre los muertos?", seguirías totalmente de acuerdo conmigo en que esto puede ocurrir. De hecho, probablemente pasarías al frente para poder ver la manifestación de este milagro. Pero, en donde yo perdería a la mayor parte de la gente sería cuando dijera: "Está bien, si tú crees esto, ora por él." De repente, tu anticipación se volvería miedo. ¿Por qué? Si eres como las demás personas, no crees que tu fe es adecuada. No dudas que la fe funciona; sólo que no crees que tienes la cantidad o la calidad de fe que necesitas.

Podría convencer a la mayoría de los Cristianos para que dijeran: "Sólo necesito más fe," y hacerlos orar: "¡Oh Dios, por favor dame más fe!" Pero esto violaría todo lo que hemos visto de La Palabra hasta ahora. Ya tienes fe. Ya tienes viviendo dentro de ti el mismo poder que resucitó a Jesucristo de entre los muertos. No tienes un problema de fe; tienes un problema de conocimiento. ¡No sabes lo que ya obtuviste, ni las leyes que gobiernan, su funcionamiento!

Porque por gracia sois salvos por medio de la fe; y esto no de vosotros, pues es don de Dios; no por obras, para que nadie se gloríe (Ef. 2:8 , 9, el énfasis es mío).

Este versículo puede ser interpretado por lo menos de dos diferentes maneras. "Esto" habla de tu salvación, la cual es un regalo de Dios y no de ti mismo (de tus propias obras). Sin embargo, "esto" puede también significar la fe que en realidad usaste para recibir la salvación. *Esta fe* tampoco es de ti mismo, sino que "es el don de Dios" ¿Puedes verlo?

Las Palabras De Dios Llevan Fe

La fe que es necesaria para recibir la salvación viene de oír La Palabra de Dios.

¿Cómo, pues, invocarán a aquel en el cual no han creído? ¿Y cómo creerán en aquel de quien no han oído? ¿Y cómo oirán sin haber quien les predique? ¿Y cómo predicarán si no fueren enviados? Como está escrito: ¡Cuán hermosos son los pies de los que anuncian la paz, de los que anuncian buenas nuevas! Mas no todos obedecieron al evangelio; pues Isaías dice: Señor, ¿quién ha creído a nuestro anuncio? Así que la fe es por el oír, y el oír, por la palabra de Dios.

Romanos 10:14-17.

Tú simplemente no puedes creer a menos que escuches La Palabra de Dios. ¡Las Palabras de Dios llevan fe!

Cada palabra que sale de tu boca es un recipiente. Puedo decir cosas que te edifiquen y te animen. Hasta podría hacerte llorar de gozo al decirte cumplidos y alabarte. Sin embargo, puedo decirte cosas que te hagan llorar de desánimo y te descorazonen. Puedo hacerte llorar de aflicción, pena, dolor y enojo. ¡Las palabras son poderosas!

Las palabras contienen fe o incredulidad. Las Palabras de Dios están llenas de fe. Dios mismo está lleno de fe, y las Palabras que Él ha dicho están llenas de fe. Son pequeños recipientes llenos de la misma fe de Dios. No puedes creerle a Dios por tu salvación sin antes obtener La Palabra de Dios que te traerá Su fe. ¡Verdaderamente se requiere fe sobrenatural para nacer de nuevo!

Por lo tanto, tienes la fe sobrenatural de Dios dentro de ti, y no viene y se va. *Porque irrevocables son los dones y el llamamiento de Dios* (Ro. 11:29). Sólo que no estamos usando lo que tenemos, principalmente porque no sabemos lo que tenemos.

CAPÍTULO 19

Fe Sobrenatural

La iglesia en la que crecí usaban varios ejemplos para ilustrar cómo todos tenemos fe. Una vez pusieron una silla enfrente de mí y me dijeron: "la fe es necesaria para sentarse en esta silla. ¿Cómo sabes que te va a sostener?" Dijeron: "Es fe pasar por una intersección cuando el semáforo está en verde. Estás usando la fe para creer que la gente del otro lado se detendrá cuando la luz cambie a rojo." También dijeron: "Es fe volar en un avión. No sabes qué lo hace funcionar. No conoces al piloto. Éstas son cosas que haces regularmente y que involucran fe." Todo esto, en un nivel, es fe—pero es fe humana.

Dios es un Ser de fe, y los seres humanos fuimos creados a Su imagen. Por lo tanto, cada persona—salva o no—tiene fe porque la fe es una parte de Dios y ahora es una parte de nosotros. Sin embargo, este tipo de fe—sentarse en una silla, manejar por una intersección y volar en un avión—es fe humana. Está basada completamente en lo que puedes ver, probar, oír, oler y sentir. Si vieras que a la silla le falta una pata o dos y que se tambalea no te sentarías en ella. Si escucharas un fuerte chillido metálico y olieras el humo que viene de una de las alas, no volarías en ese avión. Tampoco pasarías por la luz verde si observaras venir a alguien por la otra dirección acercándose hacia la intersección a alta velocidad.

El conocimiento por medio de tus sentidos—lo que puedes ver, probar, oír, oler y sentir—afecta la fe humana.

Sin embargo, para recibir la salvación, tuviste que creer en cosas que tus sentidos naturales no podían percibir. Nunca has visto a Dios ni al diablo. Nunca has visto el cielo ni el infierno, nunca has visto un pecado. Has visto a la gente cometer pecado, pero de hecho ¿realmente qué aspecto tiene un "pecado"? No puedes ver el pecado y tampoco puedes ver cuando es perdonado. No obstante, tuviste que creer en todas estas cosas invisibles e intangibles. La única manera de hacer esto es con el tipo de fe sobrenatural de Dios.

La Fe de Dios

El tipo de fe de Dios no está limitada a alguna clase de prueba física. Él declara y reconoce cosas antes de que haya cualquier manifestación visible.

(Como está escrito: Te he puesto por padre de muchas gentes) delante de Dios, a quien creyó, el cual da vida a los muertos, y llama las cosas que no son, como si fuesen (Ro. 4:17).

Dios da vida al muerto y llama las cosas que no son (físicamente manifiestas) como si lo fueran. En este caso, Dios llamó a Abram (príncipe) "Abraham" (padre de muchas naciones) incluso antes de que tuviera su primer hijo. ¡Ésta es la clase de fe de Dios!

Dios creó los cielos y la tierra. Y dijo Dios: "Sea la luz;" y fue la luz (Gn. 1:3). Después, días mas tarde, Él creó el sol, la luna y las estrellas. Ahora bien, no estoy seguro de cómo obró para hacer todo esto, pero La Palabra registra claramente que Dios creó la luz antes de que hubiera una fuente por la cual ésta pudiera venir. ¡La fe de Dios no se limita en la forma en que se limita la fe humana!

Fe Sobrenatural

Recibir la salvación es como sentarte en una silla que no puedes ver. La fe humana no puede hacer esto. Si no pudieras ver o sentir algo no te expondrías a caerte y lastimarte. Sin embargo, le creíste a Dios—a quien no puedes ver ni sentir físicamente— por el perdón de tus pecados. ¿Cómo hiciste esto? ¡Usando la fe sobrenatural de Dios!

Ambas, la salvación y la fe para recibir, son dones de Dios (Ef. 2:8, 9). La Palabra de Dios contiene Su fe. Es por esto por lo que debes escucharla para poder nacer de nuevo.

Siendo renacidos, no de simiente corruptible, sino de incorruptible, por La Palabra de Dios que vive y permanece para siempre (1 P. 1:23).

La Palabra de Dios contiene la fe necesaria para creer que Dios se hizo carne, vivió una vida perfecta y sufrió nuestro castigo con Su muerte. Se usa la fe sobrenatural de Dios para creer que Jesús fue resucitado y tus pecados ahora están perdonados. No puedes creer estas cosas con mera fe humana. Es La Palabra de Dios la que te trajo esta fe.

Usaste la fe sobrenatural de Dios—no sólo la fe humana— para recibir la salvación. Éste fue un don que vino cuando recibiste Su Palabra. No sólo pusiste tu fe *en* Dios, ¡naciste de nuevo por *la* fe *de* Dios! Como pecadores, estábamos tan   destituídos que no podíamos salvarnos a nosotros mismos o   creer que nuestros pecados habían sido perdonados. Las buenas nuevas de Dios (el Evangelio) tuvieron que venir a nosotros para que pudiéramos recibir Su fe sobrenatural, que está ahí contenida, y usarla para nuestra salvación.

La Fe de Cristo

Usaste *la* fe *de* Jesucristo para ser justificado.

> *"Sabiendo que el hombre no es justificado por las obras de la ley,* sino por la fe de Jesucristo, *nosotros también* hemos creído en Jesucristo, *para* ser justificados por la fe de Cristo *y no por las obras de la ley, por cuanto por las obras de la ley nadie será justificado."*
>
> *Gálatas 2:16, énfasis mío*

Pusiste fe en lo que Jesús hizo, pero usaste la fe Cristo para ser justificado. Una vez que naces de nuevo, también vives por *la* fe *del* Hijo de Dios.

> *Con Cristo estoy juntamente crucificado, y ya no vivo yo, mas vive Cristo en mí; y lo que ahora vivo en la carne,* lo vivo en la fe del Hijo de Dios, *el cual me amó y se entregó a sí mismo por mí* (Gá. 2:20, el énfasis es mío).

Estoy consciente que otras traducciones dicen: "[Yo] lo vivo en la fe en el Hijo de Dios", pero mi conclusión después de mucho estudio es que el término correcto es: [Yo] lo vivo en la fe del Hijo de Dios.

Así que "hemos creído en Jesucristo, para ser justificados [hechos justos, nacidos de nuevo] por la fe de Cristo" "y lo que ahora vivo en la carne, [yo] lo vivo por la fe del Hijo de Dios" (Gá. 2:16, 20; los corchetes son míos). ¡Esto es muy importante!

Fuiste ambas cosas: nacido de nuevo y ahora vives por la fe sobrenatural de Dios mismo. Por esto Jesús dijo: "No necesitas más fe. ¡Sólo necesitas aprender a poner a trabajar la que ya obtuviste! La fe que tienes es suficiente para ver un árbol sicómoro arrancado y plantado en el mar. ¡Usa lo que ya obtuviste!" (Lc. 17:6-10, la paráfrasis es mía).

Haciendo Lo Que Jesús Hizo

La fe por la cual fuimos vueltos a nacer y por la cual ahora vivimos, es la fe sobrenatural del propio Hijo de Dios, que tiene el poder para hacer cualquier cosa que Jesús hizo.

De cierto, de cierto os digo: El que en mí cree, las obras que yo hago, él las hará también; y aun mayores hará, porque yo voy al Padre (Jn. 14:12).

¿Cómo podemos hacer las obras que Jesús hizo? Todavía ni siquiera hablemos de hacer grandes cosas. ¿Cómo podemos hacer milagros, recibir palabras de sabiduría y de conocimiento, voltear la otra mejilla, caminar una milla extra, echar fuera a los demonios, y caminar con amor incondicional? Podemos porque tú y yo tenemos la misma fe que Jesús usó para ejecutar todas estas cosas. Puesto que es Su fe sobrenatural—no nuestra fe humana—¡esa fe es capaz de hacer cualquier cosa que Él hizo!

Sin embargo, la mayoría de los Cristianos dicen: "Bueno, pero yo soy sólo un ser humano." ¡Éste es un pensamiento erróneo! Yo *era* sólo humano, pero después nací de nuevo. Hay una parte de mí ahora que es de pared a pared Espíritu Santo. Hay una parte de mí ahora que tiene la fe del Hijo de Dios. Sí, la parte carnal todavía es capaz de fallar y de todo lo demás. ¡Pero mi parte renacida es poderosa!

Si te quedas consciente y enfocado en el hecho de que tienes la fe del Hijo de Dios, verás una diferencia en lo que estás confiando, esperando, y creyendo. Cuando crees verdaderamente que tienes este potencial interno, no aguantarás más derrotas, desánimos ni una vida mundana. ¡Ahora tú tienes la fe de Jesucristo mismo y ahora vives por ella!

La Medida De Fe

Dios le dio a cada creyente nacido de nuevo *la* medida de fe.

Digo, pues, por la gracia que me es dada, a cada cual que está entre vosotros, que no tenga más alto concepto de sí que el que debe tener, sino que piense de sí con cordura, conforme a la medida de fe que Dios repartió a cada uno (Ro. 12:3, énfasis mío).

Ésta no es una medida, ¡sino que es *la* medida de fe!

La mayoría de los Cristianos piensan que Dios otorga fe usando diferentes medidas. Creen que Él le da a esta persona un cucharón lleno y a aquélla una cucharada. Ésta obtiene una cucharadita y aquélla un gotero. ¡Esto es totalmente incorrecto! Dios da a cada creyente la misma medida de fe, un cucharón lleno, porque es *la* medida de fe.

Reinhard Bonnke—el poderoso evangelista Alemán de sanidades, quien ha predicado a nivel mundial a muchedumbres de más de un millón a la vez en África, fue entrevistado una vez en televisión. Alguien de la audiencia le hizo la pregunta: "¿Por qué ves muchos más milagros en el extranjero que aquí en los Estados Unidos? ¿Es porque ellos tienen más fe?" Mi oído inmediatamente se aguzó para escuchar su respuesta.

"Ustedes los Americanos son las únicas personas que he conocido que tengan este concepto de 'más fe.' Una persona cree o no cree. No tienes que tener una 'gran fe.'" Después dio algunos ejemplos de gente que había escuchado La Palabra de Dios por primera vez y creyeron. "Todo este concepto de 'fe grande' y 'fe pequeña' está equivocado. ¡Esto es erróneo!"

La Fe es un Fruto

Quizás te estés preguntando: "¿Pero qué del centurión en Mateo 8?" Cuando el Señor escuchó lo que dijo, "Él [Jesús], se maravilló, y dijo a los que le seguían: De cierto os digo, que ni aun en Israel he hallado tanta fe" (Mt. 8:10, los corchetes son míos). Algunas personas señalan a eso y dicen: "Justo ahí está un precedente bíblico. Jesús dijo que 'él tenía gran fe.'"

Un par de cosas están involucradas aquí. Esto fue antes del Nuevo Pacto y del nuevo nacimiento (el Nuevo Pacto hablando estrictamente no tuvo efecto hasta que la obra redentora de Cristo fue completa). Bajo el Antiguo Pacto (antes de la venida del Mesías), la gente ponía su fe humana en las promesas de Dios. No estoy diciendo que no tenían fe, sino que era diferente de la manera en que un creyente del Nuevo Testamento (después de la resurrección) tiene fe. Es a través del nuevo nacimiento que recibes un espíritu nacido de nuevo. Ahí es donde habita tu nueva naturaleza y la fe de Cristo. La gente del Antiguo Testamento no tuvo acceso a esto.

También, la fe es un fruto del Espíritu.

Mas el fruto del Espíritu es amor, gozo, paz, paciencia, benignidad, bondad, fe (Gá. 5:22).

Los santos del Antiguo Testamento no tenían la presencia interna del Espíritu Santo. Él llegaba a ellos a veces, pero Él no vivía en ellos de la manera que ahora Él lo hace con los creyentes del Nuevo Testamento. Así que fue una forma diferente para ellos (el centurión y los otros como él) el creer en Dios antes de que

Jesús muriera por nuestros pecados, resucitara de los muertos y la gente naciera de nuevo.

Aun después del nuevo nacimiento, algunos creyentes manifiestan gran fe y otros manifiestan muy poca, si lo hacen. Pero es incorrecto decir que algunos Cristianos tienen "gran" fe y otros tienen "poca" fe. Muchas personas sólo usan una pequeña porción de la fe que Dios les ha dado. Pero la verdad es, que cada creyente nacido de nuevo tiene la medida de fe—¡la fe del Hijo de Dios! (Ro. 12:3; Gá. 2:20).

¡Reconoce Lo Que Tienes!

Tú no tienes un problema de fe; ¡tienes un problema de conocimiento! Para poder ver que tu fe funcione, necesitas entender y reconocer lo que tienes.

Pablo oró: *"Para que la participación de tu fe sea eficaz en el conocimiento de todo el bien que está en vosotros por Cristo Jesús"* (Flm. 1:6).

No le pidas a Dios que te dé más, orando: "¡Señor, incrementa mi fe!" En cambio, cree en La Palabra de Dios, y empieza a reconocer que cuando naciste de nuevo, te fue dada la fe sobrenatural de Dios.

CAPÍTULO 20

La Ley de la Fe

P edro tenía esta medida de fe sobrenatural de Dios. Sanó a un cojo a la entrada del templo. (Hch. 3:6-8) Algunas personas fueron sanadas cuando su sombra los tocó (Hch. 5:15). Hasta resucitó a Dorcas de la muerte (Hch. 9:39, 40). Éstas son las cosas que la fe de Pedro produjo.

Observa a quién dirigió su segunda carta:

Simón Pedro, siervo y apóstol de Jesucristo, a los que habéis alcanzado, *por la justicia de nuestro Dios y Salvador Jesucristo,* una fe igualmente preciosa que la nuestra (2 P.1:1, el énfasis es mío).

Pedro no se ganó esta fe por sus buenas obras sino que la recibió cuando nació de nuevo "por la justicia de nuestro Dios y Salvador Jesucristo."

Con Pedro, obtuviste esta "fe igualmente preciosa" cuando naciste de nuevo. Ésta es *la* medida de fe (Ro. 12:3). Si no crees esto, podrías arrancar 2 Pedro de tu Biblia y tirarla. ¿Por qué? ¡Porque él escribió esto para aquellos de fe igualmente preciosa!

No tienes un problema de fe; ya tienes la fe del Hijo de Dios. Sin embargo, para ver los resultados sobrenaturales que Pedro tuvo, ¡necesitas aprender cómo ejercitarla!

Descubriendo Cómo Usarla

Fui bautizado en el Espíritu Santo durante un encuentro milagroso con el Señor el 23 de Marzo de 1968. Inmediatamente, experimenté una vivificación dentro de mí y comencé a entender algunas cosas. Una pasión y una nueva motivación surgieron dentro de mí y empecé a ver a algunas personas sanarse (de cáncer, enfermedades y sordera). Aunque todavía veía sanarse sólo un pequeño porcentaje de la gran cantidad de personas por las que oraba, ¡eso era mucho mejor que antes! Mi fe empezaba a funcionar y comencé a darme cuenta de que era una fuerza muy poderosa. Pero todavía no sabía que tenía la medida de fe—la fe del Hijo de Dios.

Así que busqué al Señor y le pedí más fe y más fe y más fe. En el proceso, me frustré. Entonces Dios me reveló esta verdad que he estado compartiendo contigo. ¡Esto hizo una gran diferencia en mi vida! En vez de estarle rogando al Señor que me diera más fe, empecé a alabarle y agradecerle por lo que Él ya me había dado. Comencé a sumergirme dentro de La Palabra de Dios, no para obtener fe, sino para entender mejor lo que ya tenía y cómo usarla. A través de estudiar la "fe" en la Palabra, empecé a entender las leyes que la gobiernan y cómo cooperar con éstas.

La fe para recibir la salvación viene por el oír La Palabra de Dios (Ro. 10:17). Después de que naces de nuevo, tienes la fe sobrenatural de Dios en ti (Ro. 12:3; Gá. 2:16, 20). Por lo tanto, como Cristiano cuando estudias la Biblia y escuchas la Palabra de Dios predicada, la fe ya está presente. ¡Sólo estás descubriendo lo que se te ha dado y cómo usarlo!

Por esto te edificas cuando lees 2 Pedro 1:1. Puedes honestamente decir: "Yo tengo la misma fe preciosa que Pedro tuvo. Él tuvo la medida de fe; yo tengo la medida de fe. Pablo tuvo la fe del Hijo de Dios y yo también. Cualquier cosa que Pedro hizo, yo puedo hacerlo. Cualquier cosa que Pablo hizo, yo puedo hacerlo. Cualquier cosa que Jesús hizo, yo puedo hacerlo. ¡Gloria a Dios!"

La Fe Sigue Las Reglas De Dios

"Gracia y paz os sean multiplicadas, en el conocimiento de Dios y de nuestro Señor Jesús. Como todas las cosas que pertenecen a la vida y a la piedad [la fe ciertamente es una de éstas] nos han sido dadas por su divino poder, mediante el conocimiento de aquel que nos llamó por su gloria y excelencia, por medio de las cuales nos ha dado preciosas y grandísimas promesas, para que por ellas llegaseis a ser participantes de la naturaleza divina."

2 Pedro 1:2-4, corchetes míos.

Antes de la salvación, el escuchar La Palabra de Dios te trae fe. Si la aceptas, puedes nacer de nuevo usando la fe que vino por La Palabra. Entonces, una vez que naces de nuevo, ya tienes fe en tu interior. Éste es un fruto del Espíritu. Pero leer y entender La Palabra te da el conocimiento de lo que tú ya tienes.

La Palabra te enseña cómo funciona la fe para que puedas cooperar y recibir la manifestación de los beneficios de tu salvación más plenamente.

Ya tienes la fe sobrenatural del Hijo de Dios, pero como es Su fe, tienes que obedecer Sus reglas. No puedes usar la fe de Dios para hacer tus propias cosas. No es tuya; ¡es Suya! En este sentido, la estás pidiendo prestada. La única manera en que esta fe sobrenatural producirá resultados es usándola de la manera en que Dios quiere que lo hagas.

Estrictamente hablando, no es tu fe. Algunas personas dicen: "Yo soy de la fe Bautista," y otros responden: "Yo soy de la Episcopal... Metodista," o "de la fe Presbiteriana," como si hubiese diferentes "fes" Cristianas. Sin embargo, Efesios 4:5 revela que sólo hay "un Señor" y "una fe"—la fe de Dios. No puedes escoger creer en cualquier forma antigua, porque si te equivocas, no funcionará. Debes usar esta fe de la manera en que Dios quiere que lo hagas porque ésta es Su fe sobrenatural, no tu fe humana.

La Palabra de Dios habla de "la ley de la fe."

¿Dónde, pues, está la jactancia? Queda excluida. ¿Por cuál ley? ¿Por la de las obras? No, sino por la ley de la fe (Ro. 3:27).

Aunque éste no es el punto principal de Romanos 3, aun así es una declaración verdadera. La fe de Dios obra de acuerdo a "la ley de la fe."

Constante y Universal

La fe trabaja de acuerdo a las leyes de Dios creadas para gobernar su uso. La palabra *ley*, en este sentido, significa "constante, sin fluctuación o variación" y "universal." Esto quiere decir que la fe funciona para todos, dondequiera, en la misma forma, muy parecida a la ley de la gravedad.

La gravedad es constante—sin fluctuación o variación y es universal (se aplica para todos sobre la tierra). Por esto la llamamos una "ley." Por ejemplo, yo estoy aquí en Colorado usando la ley de la gravedad para sentarme en una silla. Si, por alguna razón, no pudieras hacer lo mismo allá en China, la gravedad sería un "fenómeno" y no una ley. Para que algo sea clasificado como una "ley," se tiene que aplicar de la misma manera para todos y en dondequiera.

La mayoría de las personas no ven que la fe sea gobernada por una ley. Piensan que Dios podría hacer cualquier cosa que Él quisiera si sólo se lo piden y "creen". No entienden que hay ciertas restricciones que el Señor se ha impuesto sobre Sí mismo. Por lo tanto, la fe de Dios siempre está gobernada por estas leyes.

Insisto, esta verdad es evidente en el mundo natural como la ley de la gravedad. ¿Qué sucede si una persona salta del Edificio *Empire State*? ¿Dios quiere verlos morir? ¿El Señor los está castigando? No, pero Él tampoco suspenderá la ley de la gravedad para poder salvar sus vidas. Dios no quiere que la gente se lastime y se mate por culpa de la gravedad, pero esto es exactamente lo que sucederá si violan esta ley.

¡Así Es!

La fe es gobernada por una ley. Dios hizo esto para tu beneficio. Él no quiere que mueras de una enfermedad, o que fracases financieramente, o que sufras de problemas mentales y emocionales. Sin embargo, si no aprendes cómo trabaja la fe y empiezas a cooperar, estas mismas leyes (las cuales fueron creadas para bendecirte) cuando las violes te matarán. ¡Ésta es una verdad asombrosa!

Dios no puede—porque Él no está dispuesto a hacerlo—violar Sus propias leyes. Violarlas va en contra de Su naturaleza justa y santa. Cuando Dios dice algo, así es. Él no cambia las cosas que Él ha establecido sólo por nuestros caprichos, necesidades o nuestra ignorancia. La gente que Dios ama con todo Su corazón muere no porque sea Su voluntad, sino porque quebrantaron Sus leyes de la fe.

CAPÍTULO 21

La Fe Habla

U na de las leyes de la fe es: Tendrás lo que dices.

Del fruto de la boca del hombre se llenará su vientre; se saciará del producto de sus labios. La muerte y la vida están en poder de la lengua, y el que la ama comerá de sus frutos (Pr. 18:20, 21).

¡La vida y la muerte están en el poder de tu lengua! Ésta es una ley de la fe.

Dios creó el mundo por la fe decretando su existencia por medio de La Palabra (Gn. 1). Todo lo natural—lo físico, lo que podemos ver, probar, oír, oler, y sentir—fue creado por medio de Sus palabras. Las palabras de Dios llenas de fe son las que enmarcan este universo y continúan sosteniéndolo (He. 1:3; 11:3). Si Él violara Sus propias palabras—las leyes que Él creó—el mundo entero se destruiría automáticamente. ¿Por qué? ¡Porque la creación se sostiene por el poder de La Palabra viviente de Dios!

La creación de Dios está gobernada por leyes. Una de las leyes de Dios dice que tenemos lo que decimos. Hay poder en las palabras. Hablamos palabras.

La capacidad de hablar refleja la imagen de Dios en nosotros. Ésta es una característica muy importante que separa la creación humana de las plantas y de los animales—hablamos palabras. En un sentido, es una capacidad divina, porque las palabras tienen el poder de crear.

Aprende A Hablar Vida

Jesús confirmó esta ley (Mt. 21:18-22; Mr. 11: 12-14, 20-24). Él le habló a la higuera y le ordenó que se muriera. A la mañana siguiente, sus discípulos descubrieron que por la noche, la higuera había hecho exactamente eso. En respuesta a su asombro, Jesús declaró:

> *Tened fe en Dios. Porque de cierto os digo que* **cualquiera que dijere** *a este monte: quítate y échate en el mar, y no dudare en su corazón,* **sino creyere** *que será hecho* **lo que dice, lo que diga le será hecho.**

> Marcos 11:22, 23, énfasis mío.

Soltamos la fe mediante las palabras. Ésta es una de las leyes que gobiernan la fe. La muerte *y* la vida—no sólo la vida—están en el poder de tu lengua.

Si has nacido de nuevo, tienes la fe del Hijo de Dios. Puesto que la mayor parte de los Cristianos no saben esto, no la usan. Los pocos que sí creen, no la ven funcionar apropiadamente porque no entienden y no cooperan con estas leyes que gobiernan la fe.

Si tu doctor te dijo que vas a morir pronto, tus palabras afectarán lo que recibas. Si sabes que Dios ya te ha sanado y estás tratando de creer, tus palabras determinarán lo que experimentes. Obtendrás vida o muerte de acuerdo a lo que digas. Si alguien te pregunta cómo estás, sueltas la muerte al responder: "Voy a morir. El doctor dijo que sólo me queda una semana." Si empiezas a planear tu funeral y te entregas a la tristeza, estás dándole poder a la muerte. Aun cuando tienes la fe del Hijo de Dios dentro de ti, no será liberada. En cambio, lo que Satanás quiere hacer será liberado a través de esas palabras de muerte. ¡Tus palabras son así de poderosas!

El Corazón y la Boca Juntos

Quizá hayas escuchado una versión extrema de esta verdad a través de las corrientes de la "fe" y la "confesión." Algunas personas incluso han nombrado esto "nómbralo y reclámalo" o "decláralo y agárralo."

Esta verdad—tú tendrás lo que dices—se ha malinterpretado de muchas maneras. Si alguien dice: "¡Esto me mata de risa!" La supuesta " Policía de la Confesión" saltaría inmediatamente y los condenaría. Sin embargo, Romanos 10:10 aclara este problema.

Porque con el corazón se cree para justicia, pero con la boca se confiesa para salvación.

Sólo cuando el corazón y la boca trabajan juntos con fe es cuando la confesión se manifiesta. La razón por la que la gente no cae muerta cuando usa este tipo de expresiones como: "¡Me mata de risa!," es porque no lo cree con su corazón. No estoy diciendo que es bueno continuar usando tal expresión, pero no se cumple porque esas palabras no son lo que el corazón verdaderamente cree.

A pesar de cómo ha sido mal interpretada esta verdad y abusada, aun así es una verdad. Muchos Cristianos se están perdiendo de lo que Dios proveyó para ellos en el espíritu porque no están usando sus palabras apropiadamente. ¡Debes aprender a hablar vida en lugar de muerte!

Háblale a la Montaña

Pero sólo declarar tu fe no es suficiente, debes hablarle directo a la montaña.

Cualquiera que dijere a este monte: quítate... (Mr. 11:23).

La mayoría de los Cristianos está muy ocupada hablándole a Dios sobre sus montañas, en vez de hablarle a sus montañas sobre Dios. La montaña es tu problema, o cualquier cosa que quieras ver modificado. ¡Háblale a eso!

No digas: "Oh Dios, estoy enfermo. ¡Por favor aleja esta enfermedad de mí!" O "Padre, cancela esta deuda." Ésta es una violación a lo que esta cita bíblica me está diciendo que haga. Tú estás hablándole a Dios de tu montaña. Háblale a la enfermedad. Háblale a tus deudas, dirígete a tu depresión, o a cualquier otro problema que sea. Dile que Dios ya te ha hecho libre. Después, ordénale que te deje en paz. Por esto debes entender la autoridad que Dios te ha dado y cómo funciona.

Me quedé en la casa de una pareja mientras estaba predicando en Charlotte, Carolina del Norte. Vieron el video "Niki Ochenski: la historia de un milagro". Este testimonio de cómo la revelación de la gracia y de la fe le ayudó a una niña adolescente que estaba al borde de la muerte a recibir su sanidad, conmovió profundamente a la esposa. Ella tenía una amiga que estaba sufriendo de lo mismo (fibromialgia e hipersensibilidad a los fármacos). Así que de inmediato la invitó para que yo pudiera orar con ella y ministrar para ella.

Una vez que su amiga llegó, compartí con ella La Palabra de Dios contrarrestando el pensamiento erróneo de esta mujer durante casi media hora. Cuando estaba ya lista para orar, le ordené a todo su dolor que abandonara su cuerpo y—¡BOOM!—instantáneamente se fue. Empezó a alabar a Dios, pero pocos minutos después comentó: "Todavía tengo un ardor en mi cintura en la espalda. ¿Por qué no se fue con todo el otro dolor?"

Le compartí Marcos 11:23 y respondí: "La Biblia dice que tienes que hablarle a la montaña. Me dijiste que tenías un dolor en todo tu cuerpo, así que le hablé al dolor. Ahora observa esto. Le voy a hablar al ardor." Después le ordené al ardor que se fuera en el nombre de Jesús. ¡Inmediatamente se fue y ella ya estaba alabando a Dios!

"Ardor, en el Nombre de Jesús..."

Le enseñé cómo permanecer en la Palabra y qué hacer si un síntoma regresaba. Luego, cuando se alistaba para irse veinte minutos después, dijo: "Este ardor regresó."

Le dije: "Bien, te acabo de instruir lo que debes hacer. Ahora quiero que ores y reprendas esto."

Así que oró: "Padre, te doy gracias ya que es Tu voluntad sanarme y Tú ya me sanaste. Por Tus llagas, fui sanada. Ahora reclamo mi sanidad, permanezco en ella y te agradezco por ella en el nombre de Jesús." Ésta es una muy buena oración viniendo de una mujer que hacía menos de una hora pensaba que Dios le había mandado esta enfermedad para glorificarse.

Sin embargo, yo sabía que ese ardor no se había ido. Así que le pregunté: "¿Cómo te sientes?"

Me respondió: "El ardor todavía esta ahí."

"¿Sabes por qué?"

"No."

"Le hablaste a Dios acerca de tu montaña en vez de hablarle a tu montaña sobre Dios. Tú no le hablaste al problema."

"¿Qué quieres decir?" Preguntó.

"No le hablaste al ardor."

"¿Quieres decir realmente hablarle por su nombre?"

"Sí, ¡eso es exactamente lo que se supone que debes hacer! Hablarle a ese ardor." Mucha gente piensa que eso es raro, pero Jesús le habló a la higuera. De hecho, La Palabra dice "Entonces Jesús 'respondiendo'"... (Mr. 11:14 Reina-Valera Antigua). No puedes responder algo a menos que ese algo haya estado hablando primero contigo. Por eso cuando tu chequera te habla y te dice: "La Palabra de Dios no funciona. Vas a fallar. ¡Otra vez estoy en números rojos!" Necesitas contestarle: "La Palabra de Dios sí funciona. Él es El *Shaddai*—¡más que Suficiente! ¡Te ordeno chequera, en el nombre de Jesús que vuelvas a números negros y te quedes así!" Debes hablarle directamente a tu montaña.

Esta vez dijo: "Ardor, en el nombre de Jesús..." Se detuvo justo ahí y gritó: "¡Se fue!" Apenas había empezado. Sólo por dirigirse directamente y usar su fe en Jesús—¡BOOM!—se fue. ¡Qué asombroso ejemplo de este principio en acción!

Electricidad

¡Las palabras son importantes! No puedes hablar de muerte o desánimo, de derrota y de depresión y luego esperar recibir bendiciones. ¡No va a funcionar! ¿Por qué? Una de las leyes que gobiernan la fe afirma que tendrás lo que digas. No sólo tienes que creer en La Palabra de Dios en tu corazón y hablar de acuerdo con ella con tu boca, debes hablarle directamente a tu problema y ordenarle que se someta. Agradécele a Dios por lo que Él ya hizo, y luego ordénale a tu cuerpo que deje de doler, a tu situación económica que funcione, al diablo que se salga de tu vida, etc. Toma tu autoridad y úsala. Éstas son algunas de las leyes que gobiernan la fe.

Ya tienes la fe del Hijo de Dios. Sólo necesitas aprender cómo usarla. Una vez que entiendes cómo trabaja y empiezas a cooperar, empezarás a ver los resultados.

Dios creó las leyes naturales que gobiernan la electricidad. Aunque el hombre no las descubrió y no supo cómo funcionan hasta hace poco, han estado aquí en la tierra desde el principio. Hace 4,000 años la gente pudo haber usado la electricidad, pero desconocían la existencia de estas leyes. Ahora que hemos conocido las leyes de la electricidad, las usamos. De hecho, las usamos todo el tiempo y nos son indispensables.

Dios nunca le negó la electricidad a la gente porque era mala. David era un hombre santo, pero él no supo nunca nada de esto. Tampoco Moisés, Gedeón, o Salomón. Simplemente fue su ignorancia de la electricidad y las leyes que gobiernan su uso lo que les impidió recibir sus beneficios. Si la hubieran conocido, la habrían recibido.

Las personas se hieren y mueren hoy, no porque sean malas, sino porque quebrantan las leyes de la fe. Dios no está en su contra. Sólo que Él estableció leyes acerca de cómo fluye Su poder y esas personas no están cooperando.

Aprende cuáles son esas leyes, y ponlas en práctica para tu beneficio. Mientras no lo hagas, Dios no va a cambiar a toda la creación por ti. Él no suspenderá la ley de la gravedad para salvar tu vida y matar a millones de personas sólo porque saltaste del

Edificio *Empire State*. Así no es como esto funciona. ¡Descubre las leyes que gobiernan la fe y coopera!

Libera Tu fe

Sólo he discutido unas cuantas leyes hasta ahora (la mayoría relacionadas con el hablar), pero hay muchas, muchas más. Conforme estudias La Palabra de Dios, las verás. Aprenderás que Jesús invitó a la gente a actuar con su fe. Puesto que "la fe sin obras está muerta," las acciones son otra forma muy importante para soltar tu fe (Stg. 2:26). También está el perdonar a otros (Mr. 11:25, 26) y así sucesivamente.

La Palabra de Dios te trae la fe original de cuando naciste de nuevo. Después de que fuiste salvo, te enseña cómo opera tu fe. Si puedes creer que tienes la misma fe que resucitó a Jesucristo de entre los muertos viviendo dentro de ti, entonces el resto es sólo aprender a cooperar con las leyes que la gobiernan.

CAPÍTULO 22

Recivir con Diligencia

E l Evangelio de Marcos registra un asombroso ejemplo de las leyes de la fe en acción. Una mujer con flujo de sangre vino a Jesús buscando sanidad. Simplemente tocó el borde de Su manto y fue instantáneamente sanada. El Señor sintió que un poder salió de Él y volviéndose a la multitud, preguntó: "¿Quién ha tocado mis vestidos?" (Marcos 5:30).

Sus discípulos estaban maravillados. Había una multitud rodeándole, y todos lo estaban empujando. Pero había algo diferente respecto al toque de esta mujer. ¡Ella lo tocó con fe e instantáneamente el poder de Dios fluyó!

La mayoría de las personas creen que, como Jesús era Dios, Él sabía todas las cosas y que, por lo tanto cuando Él preguntó: "¿Quién ha tocado mis vestidos?," Él simplemente estaba haciendo una pregunta retórica. Sin embargo, aun cuando Jesús era totalmente Dios en Su espíritu, Él vivió en un cuerpo físico. Aunque no había pecado con su cuerpo físico, Lucas 2:52 revela: "Y Jesús crecía en sabiduría y en estatura, y en gracia para con Dios y con los hombres".

Ella Lo Declaró

Jesús no sabía todas las cosas con Su mente humana. Creo que Él quiso decir lo que dijo cuando Él preguntó: "¿Quién me tocó?"

Éste es un aspecto muy importante. Si Jesús no supo quién lo tocó, entonces ¿cómo es que este poder sanador de Dios emanó de Él para influir en la cura de esta mujer? ¡Piensa en esto!

La mayoría de las personas piensan que Dios nos juzga cuando vamos a Él con una petición. Dependiendo de cuánto hemos orado, estudiado La Palabra, ayunado, vivido en santidad, o un sin número de otras cosas, Él o concede o niega nuestras peticiones. Pero esto no es lo que sucede aquí. ¿Cómo recibió esta mujer su sanidad?

Puso las leyes de la fe en acción y así el poder de Dios automáticamente fluyó.

Porque decía: *Si tocare tan sólo su manto, seré salva* (Mr. 5:28, el énfasis es mío).

Es una ley de Dios la que dice que tenemos lo que decimos (Mr. 11:23). Ella lo declaró y recibió.

Intensa Acción

También es una ley de Dios que "la fe sin obras está muerta" (Stg. 2:20). Esta mujer actuó con su fe. No sólo habló de ser sanada. Actuó en esa fe aun cuando fue un gran riesgo personal.

En ese tiempo, cualquiera que tuviera un flujo de sangre era impuro, y todo el que lo tocara también se volvía impuro. Por lo tanto, la gente con esta impureza tenía que evitar las multitudes, porque contaminaban a todos los que tocaran. Pudo haber sido apedreada hasta morir por esta multitud si hubieran sabido su secreto. Ésta es probablemente la razón por la que dudaba de pasar al frente y confesar lo que había hecho.

Observa también que tocó el borde del manto de Jesús. ¿Cómo tocas el borde de un manto cuando hay una multitud rodeando al que lo lleva puesto? La única explicación lógica es que esta mujer probablemente estaba arrastrándose sobre manos y rodillas, a través de esta multitud.

¿Por qué es esto importante? Esto nos ilustra otra ley de la fe: La diligencia. No puedes recibir las cosas de Dios buscándolas pasivamente.

Y me buscaréis y me hallaréis, porque me buscaréis de todo vuestro corazón (Jer. 29:13).

Mientras puedas vivir sin salud, lo harás. Pero cuando tomas la iniciativa con resolución, como esta mujer, cuando estás dispuesto a arriesgar hasta tu propia vida para recibir, lo lograrás.

¿Quién Está Loco?

Esta mujer había estado sufriendo esta condición a través de doce largos años (Mr. 5:25). Gastó todo el dinero que tenía buscando todas las diferentes curas de entonces, pero le iba peor (Mr. 5:26). Nadie la culpó por buscar un remedio natural. Estoy seguro de que la gente le tenía mucha simpatía y mucha lástima. Pero si sus amigos hubieran sabido lo que intentaba hacer—para acercarse a Jesús en medio de esa multitud— estoy seguro de que no hubiera faltado quien le dijera que estaba loca. No es locura dejar que los doctores experimenten con nosotros. Les permitimos que nos traten de maneras que matarían a una persona sana y nos cuesta todo el dinero que tenemos. Pero cuando abiertamente confiamos en Dios por nuestra sanidad, entonces somos "unos fanáticos."

Sin embargo, se requiere este tipo de actitud emprendedora para recibir de Dios con eficacia.

Esta mujer puso varias de las leyes de la fe en operación y el poder sanador de Dios fluyó hacia ella automáticamente.

¡No Es Personal!

¿Recuerdas las leyes de la electricidad? Cuando alguien prende el interruptor de la pared, el poder eléctrico fluye. No tienen que llamar a la compañía de electricidad y pedir que les envíen el poder; ya está disponible. Sólo tenemos que tomar la autoridad que nos fue concedida y ordenar al poder que fluya.

De la misma manera, cuando alguien toca un alambre cargado de electricidad y está haciendo tierra, la corriente sólo fluye. La compañía de electricidad no hace una evaluación personal y dice: "Les enseñaré una lección. ¡Les daré la descarga de sus vidas!" No. Hay leyes que gobiernan la forma en que fluye la electricidad. Esto no es personal.

Así es con Dios. El Señor no está sanando a unos y rechazando a otros. Hay leyes que gobiernan el cómo opera Su poder. Podemos violar estas leyes y perdernos las bendiciones que Él ya nos ha dado, o podemos aprender cuáles son esas leyes, colaborar con ellas y experimentar la vida abundante que Él nos dio. Depende de nosotros.

Ignorantes de las Leyes de Dios

La gente podría haber estado usando la electricidad hace miles de años . No fue el Señor el que recientemente puso a nuestra disposición la electricidad. Fue la ignorancia del hombre, la falta de un conocimiento específico, lo que nos mantuvo en oscuridad.

No estoy usando la palabra *ignorancia* en un sentido despectivo. Leonardo da Vinci fue un hombre brillante. Inventó un helicóptero y muchas otras cosas que representaban un adelanto de siglos con respecto a su época. Pero era ignorante con respecto a la electricidad.

De la misma manera, hay muchos Cristianos maravillosos que son muy santos. Pero son ignorantes de las leyes de la fe de Dios. Por lo tanto, no están recibiendo los resultados que desean. No son malas personas; sólo que no saben cómo operan las leyes que gobiernan el reino de Dios.

Recibir de parte de Dios no tiene que ver con cómo se siente Él hacia nosotros. Si éste fuera el único problema, entonces todos seríamos perfectos en todo aspecto. ¡Esto es lo que Él quiere para todos y cada uno de nosotros! Pero hay leyes en las que debemos operar para recibir las cosas que Él tiene para nosotros. Nuestro mal uso de estas leyes es lo que literalmente nos está matando.

CAPÍTULO 23

La Incredulidad
Contrarresta La Fe

Sólo porque puedes entender que ya tienes la fe de Dios, no significa que automáticamente obtendrás éxito en tu vida. Tu incredulidad hará contrapeso y cortocircuito contra tu fe hasta que te deshagas de ella. ¡Tu problema no es tu falta de fe, más bien, es demasiada incredulidad!

Jesús y tres de sus discípulos subieron al Monte de la Transfiguración. Él fue glorificado y vieron a Moisés y a Elías hablar con Él. Inmediatamente después de esto, bajaron de la montaña hacia la multitud. Un hombre se acercó a Jesús, *"se arrodilló delante de Él, diciendo: Señor, ten misericordia de mi hijo, que es lunático, y padece muchísimo; porque muchas veces cae en el fuego, y muchas en el agua. Y lo he traído a tus discípulos, pero no le han podido sanar. Respondiendo Jesús, dijo: ¡Oh generación incrédula y perversa! ¿Hasta cuándo he de estar con vosotros? ¿Hasta cuándo os he de soportar? Traédmelo acá"* (Mt. 17:14-17).

Este hombre trajo a su hijo "lunático" a Jesús.

Marcos 9:17-22, revela que este "espíritu mudo" produjo violentos ataques muy parecidos a lo que nosotros hoy llamamos "epilepsia." El padre trajo a su hijo a los discípulos primero, pero no fueron capaces de echar fuera al demonio.

¡Jesús no estaba contento! Observa Su reacción:

¡Oh generación incrédula y perversa! ¿Hasta cuándo he de estar con vosotros? ¿Hasta cuándo os he de soportar? Traédmelo acá (Mt. 17:17).

Esto es muy importante porque no hay mucha gente en el cuerpo de Cristo que opere hoy con el poder sobrenatural de Dios. No estamos viendo a muchos demonios ser echados fuera de la gente ni a la gente ser sanada.

En general, la Iglesia parece impotente para echar demonios y sanar enfermedades.

Excusas, Excusas

Básicamente, casi todo el Cuerpo de Cristo se excusa diciendo: "Bueno, sólo somos personas. Oramos y le pedimos a Dios pero si nada sucede, es porque Dios es soberano y seguramente no es su voluntad" o "estas cosas se acabaron con los apóstoles." Hemos usado todas estas doctrinas para justificar nuestra ineficacia y falta de efectividad.

Jesús no respondió de esa manera. Si Él fuera como el tipo de ministro moderno susceptible, sensible, que hace a la gente sentirse bien, Él habría dicho: "Muchachos, ¡lo siento! No debí haber estado arriba en la montaña transfigurándome y hablando con Mi Padre por mucho tiempo. Los dejé solos manejando problemas que están mas allá de sus habilidades. Después de todo, sólo son seres humanos. Perdónenme. Lo siento. Ahora estoy aquí. Tráeme al muchacho ahora." Jesús no hizo eso. En cambio, Él se enojó y explotó: "¡Oh generación incrédula y perversa! Ésta no es la manera en que se supone que debe ser. ¿Hasta cuándo voy a estar con ustedes? ¿Cuánto tiempo más debo estar aquí para hacer estas cosas?"(Parafrasis mía).

Jesús había estado entrenando a sus discípulos. Él ya les había dado autoridad para echar fuera a los demonios y sanar a los enfermos. Debieron haber sido capaces de manejar esto. Así que Jesús, de hecho, estaba diciendo: "Muchachos, esto no es aceptable. Incrédulos y perversos. ¡Ésta no es la manera en que se supone que debe ser!"

Aunque yo les digo esto con amor, oro para que quede registrado y haga el impacto que debe: ¡*Nuestro Cristianismo contemporáneo es incrédulo y perverso!* Se supone que la iglesia debe tener las respuestas para el mundo, pero no estamos usando lo que tenemos. Dios ya nos dio todo, pero no lo estamos utilizando. Somos impotentes e ineficaces. La mayoría de los creyentes simplemente han bajado su estándar diciendo: "Los milagros y el poder sobrenatural se acabaron con la iglesia del primer siglo," y aquellos que buscan los milagros se acercan así: "Oh Dios, te pedimos que lo hagas," en vez de recibir lo que Él ya hizo, tomando su autoridad, ordenando y haciendo que se manifieste. ¡Tergiversaron lo que el Señor quiso decir!

La respuesta de Jesús a los discípulos es la misma hoy para todos nosotros: "¡Esto está mal! No es lo que planeé." La gente debe poder acercarse a nosotros por sanidad, por su liberación y por bendiciones (emocionales y de dinero). Pero cuando el enfermo viene hoy a un ministro común y corriente, este ministro lo envía con un doctor. El pobre es enviado al gobierno o alguna institución social. Cuando el enfermo mental o el emocionalmente perturbado pide ayuda, es enviado al "psiquiatra." ¡Esto no debería ser! Las respuestas de Dios están en La Palabra y en la iglesia. ¡No deberíamos enviar a la gente a ningún otro lugar! El Cuerpo de Cristo realmente ha fallado en esta área.

Ésta es una gran razón por la que más gente no está acercándose a Cristo. La iglesia ha fallado al presentar al Señor como el Único con respuestas para todos los problemas de la vida. La iglesia común y corriente trata sólo los asuntos de la eternidad y deja todos los problemas presentes a la habilidad del hombre. La gente no ve la relevancia de la iglesia en la vida diaria. ¡Esto no debería ser así! Jesús no está hoy más complacido con esto de lo que lo estuvo en aquella situación con ese muchacho que sufría de esos ataques.

A Pesar del Éxito Anterior

Y reprendió Jesús al demonio, el cual salió del muchacho, y éste quedó sano desde aquella hora. Viniendo entonces los discípulos a Jesús, aparte, dijeron: ¿Por qué nosotros no pudimos echarlo fuera? (Mt. 17:18, 19).

Ésta es una pregunta válida porque Jesús ya les había dado poder sobre el diablo.

Entonces llamando [Jesús] *a sus doce discípulos,* **les dio autoridad sobre los espíritus inmundos, para que los echasen fuera, y para sanar toda enfermedad y toda dolencia** (Mt. 10:1, los corchetes y el énfasis son míos).

No sólo tenían ya todo el poder que necesitaban para liberar a este muchacho endemoniado, ¡anteriormente ya habían tenido éxito al usarlo!

Y [los discípulos previamente] *echaban fuera a muchos demonios, y ungían con aceite a muchos enfermos, y los sanaban* (Marcos 6:13, los corchetes son míos).

Éstas no eran personas que antes no hubieran fluido en el poder de Dios y en los milagros. Eran seguidores de Jesús quienes anteriormente aparentemente habían tenido el 100% de éxitos, lo cual hace su pregunta todavía más importante.

Eran creyentes que ya habían visto antes el poder de Dios manifestarse a través de ellos sanando al enfermo y echando fuera a los demonios. Sabían que era la voluntad de Dios y que Él ya les había dado el poder. Sin embargo, ejercitaron su fe, actuaron con ella, le hablaron a las montañas, pero todavía no habían visto los resultados deseados. ¿Te suena familiar?

Probablemente has vivido algún acontecimiento en que utilizaste tu fe, actuaste en ella, le hablaste a la montaña y aun así no has recibido los resultados que deseas. Le creíste a Dios por tu sanidad, por tu prosperidad, o por lo que sea, pero no ocurrió nada. No estoy hablando de aquellos que oran: "Dios, si es Tu voluntad," y no se sorprenden cuando nada pasa. Estos discípulos estaban asustados, heridos y sorprendidos. Hicieron esta pregunta porque creían y lo habían visto funcionar en el pasado, pero no en este suceso en particular.

¿Por qué crees que ciertos demonios no salen? ¿Por qué algunas personas en particular no han sido sanadas? ¿Por qué el incremento en la riqueza a veces no se da? ¿Por qué piensas que la gente ora, creyendo realmente, pero lo que piden no se realiza? Aunque hay múltiples razones para ello, la respuesta predominante a esta última pregunta es: "Seguramente no era la voluntad de Dios." ¡Ridículo!

"¿La Voluntad de Dios?"

¡Dios quiere que prosperes en cada aspecto de tu vida! No es la voluntad de Dios que estés enfermo, que no tengas tus necesidades satisfechas, ni que estés oprimido. No es la voluntad de Dios que estés desanimado y derrotado. Él no te está castigando ni está tratando de enseñarte algo. ¡Esto, simplemente, no es verdad!

Una gran parte del Cuerpo de Cristo amontona cada oración "no contestada" bajo la etiqueta: "Bueno, Dios es Soberano". Dios es Todo Poderoso y Él puede hacer todo lo que Él quiera, sin embargo Él ya ha hecho lo que Él quiere y nos ha dado la autoridad y el poder para hacer que Su voluntad se lleve a cabo.

Muchas cosas suceden hoy, no porque sea la voluntad de Dios, sino porque estamos cosechando lo que sembramos. Considera, por ejemplo, los ataques terroristas que sucedieron el 11 de Septiembre del 2001. Mucha gente los vio como "el juicio de Dios sobre América". Bien, Estados Unidos de América merecen ser juzgados, pero el Señor no está abriendo Su juicio. Tampoco Él "soberanamente" lo permitió. Dios ha establecido leyes con las que cosechamos lo que sembramos. (Mi estudio "La Soberanía de Dios" se refiere a esto).

Los Estados Unidos de América han tratado sistemáticamente de convertirse en una nación secular. Hemos sacado a Dios de nuestras escuelas y vidas públicas. Hemos estado muy ocupados haciendo nuestras propias cosas y lo hemos ignorado. Al negarle a Dios el derecho de moverse libremente en nuestra sociedad, nuestras defensas bajaron.

Satanás ataca seas santo o no. No tienes que estar haciendo algo malo para atraer su ataque. De hecho podrías estar haciendo algo correcto y aun así ser atacado. David tuvo personas que lo atacaron cuando estaba buscando y sirviendo a Dios. Aunque ganó, fue atacado y tuvo que pelear. Sólo que frecuentemente son más los daños cuando tus defensas están bajas.

"Por Causa de Tu Incredulidad"

Cuando hacemos la pregunta: "¿Por qué las cosas no funcionan?" Dos perspectivas principales resaltan—ambas equivocadas. Primero, mucha gente piensa: "Qué será, será.

Whatever will be, will be. Dios es soberano y Él controla todo". Segundo, una respuesta de "fe" carismática popular sería: "Ellos no tienen suficiente fe." Ésta ha sido presentada como la *única* razón por la que la gente no ve la respuesta a su oración. Es muy simplista y condena a la gente, porque pone toda la responsabilidad sobre ella sin ninguna gracia. Esto los aleja de una enseñanza orientada a la fe. Ésta es *una* razón, ¡pero no una que lo abarque todo!

Al ministrar a otras personas, la fe de éstas sí afecta el proceso. No puedes hacerlos que reciban con base sólo en tu fe. Jesús vivificó la fe de la gente cuando Él les ministró. Les dijo: "No peques más, para que no te venga alguna cosa peor" (Juan 5:14), dando a entender que tienen un papel que jugar en su sanidad. Sabemos que Jesús operó en fe perfectamente. No pudo hacer muchos milagros en Su pueblo natal. Sin embargo no fue por algún problema con Su fe, pero sí porque la gente estaba llena de incredulidad. Es necesario que haya un nivel de fe presente en la persona que está recibiendo. Sin embargo, si la sanidad no se manifiesta, entonces podría tratarse de un problema con la fe del ministro y su habilidad para recibir de parte de Dios.

Sólo que no siempre es tan sencillo como: "Cree y recibe o duda y piérdetelo". A veces puedes creer y aun así no recibir. Esto fue lo que les pasó a los discípulos aquí (Mt. 17). Preguntaron: "Jesús, ¿por qué no pudimos echar fuera al demonio? Creímos y recibimos, pero no obtuvimos los resultados deseados".

"Y Jesús les dijo: Por vuestra incredulidad" (Mt. 17:20, Reina Valera Antigua).

Erróneamente mucha gente piensa que no puede tener ambas: incredulidad y fe simultáneamente. Creen que la fe y la incredulidad se excluyen mutuamente. Esto no es verdad.

Cuando Jesús les dijo: "Es por causa de tu incredulidad," Él no estaba diciendo, "tú no tuviste fe". Él no dijo eso. De hecho, la siguiente declaración de Cristo fue:

Y Jesús les dijo: Por vuestra incredulidad; porque de cierto os digo, que si tuviereis fe como un grano de mostaza, diréis á este monte: Pásate de aquí allá: y se pasará: y nada os será imposible (Mt. 17:20, Reina -Valera Antigua).

No es necesaria una "gran" fe o una fe "grande" para hacer grandes cosas. Sólo necesitas minimizar la incredulidad que está peleando en contra de tu fe.

"¡Solamente Cree!"

Por eso Jesús contestó la petición de los discípulos: "Señor aumenta nuestra fe," con: "muchachos, no necesitan más fe. Sólo usen la que ya tienen. Si tu fe es como del tamaño de una semilla de mostaza, ésta es suficiente para hacer que este árbol sea desarraigado y plantado en el mar. Nada es imposible para ti" (Lc. 17:5-6, paráfrasis mía). Observa la misma terminología en Marcos 11:23:

Porque de cierto os digo que cualquiera que dijere a este monte: Quítate y échate en el mar, y no dudare en su corazón (El énfasis es mío).

¡Es posible vivir con fe y dudar en tu corazón al mismo tiempo!

En Su camino para ir a ministrarle a la hija de Jairo, la mujer con el flujo de sangre tocó el manto de Jesús y recibió sanidad. Durante este retraso, llegaron noticias de la casa de Jairo: "No molestes más al Maestro, tu hija está muerta."

Pero Jesús, luego que oyó lo que se decía, dijo al principal de la sinagoga: No temas, cree solamente (Marcos 5:36).

¡Solamente cree! ¿Por qué Jesús dijo solamente cree? ¡Porque puedes creer y dudar al mismo tiempo!

Jesús dijo al padre del muchacho lunático que necesitaba ser liberado, *"si puedes creer, al que cree todo le es posible"* (Mr. 9:23).

Inmediatamente, el hombre: *"clamó y dijo con lágrimas, Señor, creo; ayuda a mi incredulidad"* (Mr. 9:24).

Jesús no reprendió a este hombre por decir que tenía fe e incredulidad. Él simplemente le ministró a su hijo y lo vio liberado. ¡Esta falta de reprensión refleja mucho!

De acuerdo a La Palabra de Dios, puedes tener una fe verdadera—que bajo circunstancias normales cause la liberación deseada—pero aun así no ver los resultados correctos. El problema no es la ausencia de fe, sino la presencia de incredulidad.

El Efecto Neto

La fe y la incredulidad son fuerzas opuestas. La incredulidad contrarresta tu fe. En vez de tratar de obtener más y más fe, necesitas lidiar con la incredulidad que la está contrapesando. ¡Así es como pones tu fe a trabajar!

Si engancharas un caballo a un peso de 500 kg e hicieras que lo jalara con suficiente fuerza, el peso se movería Sin embargo si engancharas otro caballo del lado opuesto e hicieras que lo jalara con la misma fuerza en dirección opuesta, el peso no se movería. Aun cuando hubiera soltado una fuerza muy grande, el efecto neto en el peso sería cero. Lo mismo sucede con la fe y la incredulidad.

Tu fe es suficiente. Jesús mismo dijo que una semilla de mostaza de fe podría desarraigar un árbol o mover una montaña inmensa. Por lo tanto, tu fe es más que suficiente para ver una sanidad, echar fuera a un demonio, o cualquier otra cosa. El problema es la incredulidad que está en contra de tu fe y causa un efecto neto de cero.

He visto a gente que obviamente no creía que era la voluntad de Dios que ellos estuvieran bien. Pelearon en contra de la voluntad de Dios cuando fui a orar por ellos. Puesto que no creyeron, murieron. Es relativamente fácil manejar esto. Pero también he visto a otra gente que creía que era la voluntad de Dios que estuvieran bien. Estuvieron orando y tratando de confiar en Dios por su sanidad. Algunos incluso habían visto a otros ser sanados o ellos mismos habrían sido sanados anteriormente. Aun así, murieron. Esto es más difícil de tratar.

Confundido

Mucha gente se pregunta: "¿Por qué no fueron sanados? ¡Sé que hubo fe presente!" He visto a gente que amaba a Dios con todo su corazón y estaban enfrentando la muerte con gozo, aun cuando tenían la expectativa y la esperanza de que verían la manifestación física de su sanidad, aun así murieron. Aun cuando la fe es intangible, puedes darte cuenta si está presente o no cuando estás buscando a Dios. Cuando reconoces que la fe está presente pero ves resultados diferentes a lo que La Palabra de Dios promete, puede causar una gran cantidad de confusión.

Es por esto por lo que los discípulos estaban confundidos cuando no pudieron echar fuera al demonio del muchacho lunático (Mt. 17:19). Tenían fe, poder y autoridad y la habían usado exitosamente, hasta entonces. Le hablaron a la montaña y le ordenaron al demonio que saliera. Actuaron de acuerdo a su fe, pero aun así los resultados permanecieron contrarios. ¿Por qué?

Por vuestra incredulidad (Mt. 17.20, Reina-Valera Antigua).

La incredulidad es sutil. Mucha gente no la reconoce. Sólo ven a una persona y si perciben fe, piensan que la fe automáticamente obrará. ¡No necesariamente! Jesús le dijo a Sus discípulos: "No es que no tuvieron fe. Es porque tuvieron incredulidad". Entonces, para reforzar Su punto de vista, Jesús añadió: "Si tuviereis fe como un grano de mostaza, es suficiente para echar una montaña al mar" (Mt. 17:20, paráfrasis mía). Como un Cristiano nacido de nuevo, ¡la fe sobrenatural que Dios nos dio es más que suficiente para llevar a cabo cualquier cosa que tú necesites— mientras no haya ninguna incredulidad que la contrarreste!

CAPÍTULO 24

Wigglesworth Tenía Menos

F ui a Omaha, Nebraska a predicar poco tiempo después de haber visto a alguien resucitar de la muerte. Sabía que mi fe estaba funcionando y que las cosas estaban saliendo bien. Un hombre paralítico en silla de ruedas llegó al servicio. Emocionado, razoné: "Puesto que mi fe se ha desarrollado al punto de ver a alguien resucitar de la muerte, ¡seguramente puedo encargarme de un hombre en una silla de ruedas!" Así que me acerqué, lo tomé de la mano y lo levanté de su silla de ruedas. ¡Inmediatamente se cayó de frente!

Cuando esto sucedió, mi fe se evaporó. Todos en la audiencia abrieron la boca, gimieron y se quejaron. Entonces batallé para poner a este hombre de nuevo en su silla y le dije el equivalente bíblico de:

"Id en paz, calentaos y saciaos" (Stg. 2:16).

Aunque traté de animarlo para que continuara creyendo en Dios, no pude ayudarlo.

Regresé esa noche al hotel totalmente perplejo. "Señor, ¿qué pasó? ¡Sé que tengo fe!" ¡Se necesita fe para hacer algo como esto! ¡Alguna vez has jalado a alguien para levantarlo de su silla de ruedas e inmediatamente verlo desplomarse en la alfombra? ¡La mayoría de la gente no lo ha hecho! ¿Por qué? Porque no creen que serían sanados. La razón por la que lo jalé de la silla de ruedas fue porque creí sinceramente que caminaría. Aun cuando la fe estaba presente, yo no vi los resultados deseados. Esto me causó mucha confusión.

Busqué una respuesta del Señor a mi dilema durante dos o tres años. Finalmente, mientras estaba leyendo un libro sobre Smith Wigglesworth entendí cuál era mi problema.

Conoce a Smith Wigglesworth

Wigglesworth vivió en Inglaterra a principios de 1900 y tuvo un poderoso ministerio de milagros. Viajó por varios países y vio suceder muchas cosas impresionantes. En este libro, el yerno de Wigglesworth relató numerosos testimonios.

Al iniciar una reunión, a Wigglesworth le gustaba anunciar valientemente: "¡La primera persona que suba aquí sanará!" Algunos subían, él oraba por ellos y ellos se sanaban. Wigglesworth usaba esto para atraer la atención antes de dar su mensaje. Entonces, después del mensaje de La Palabra, oraba por todos los demás enfermos.

En una ocasión, una mujer de edad avanzada enferma de cáncer en su estómago llegó a la reunión. El cáncer estaba tan avanzado que parecía que tenía nueve meses de embarazo. Estaba tan frágil y débil, que sus dos amigas tenían que tomarla de cada brazo y sostenerla erguida en su asiento. Sabían lo que Wigglesworth iba a decir, así que cuando éste hizo su habitual anuncio al principio de la reunión, llevaron a su amiga directamente al frente por oración.

Wigglesworth la miró, observó el enorme tumor en su estómago, y le dijo a las dos mujeres que la sostenían, "¡suéltenla!"

Respondieron: "¡No podemos soltarla! ¡Ella no tiene fuerzas!" Levantó su voz y volvió a decir: "¡Déjenla!" Así que ellas obedecieron.

"¡¡¡Suéltenla!!!"

Cayó hacia adelante sobre su tumor y gimió de dolor. La audiencia inmediatamente abrió la boca con incredulidad. Ésta fue la misma respuesta que yo recibí después de que aquel hombre en la silla de ruedas se cayó de frente y empecé a sentir lástima, simpatía y turbación por ambos, por ese hombre y por mí. En mi situación, yo respondí con incredulidad. Sin embargo, Wigglesworth resistió con firmeza y simplemente dijo "Levántenla."

Estas dos señoras la levantaron. Después dijo: "¡Suéltenla!" Ellas exclamaron: "¡No podemos soltarla!" Wigglesworth retumbó: "¡suéltenla!" Cuando finalmente lo hicieron, ella primero cayó boca abajo y de nuevo sobre su tumor. La multitud gimió y se quejó. Wigglesworth dijo: "Levántenla." Así que la levantaron una vez más.

Después Wigglesworth dijo por tercera vez: "¡Suéltenla!" Estas dos mujeres argumentaron: "¡Nosotros no la soltaremos!" Wigglesworth les ordenó: "¡Ustedes suéltenla!" Después un hombre en la audiencia se paró y gritó: "¡bestia! ¡Ya deja a esta pobre mujer!" Wigglesworth le contestó: "Tú ocúpate de tus asuntos; yo sé el mío." De nuevo volteó a ver a las dos mujeres y gritó: "¡¡¡Suéltenla!!!"

Cuando lo hicieron, el tumor cayó de su vestido a la plataforma y ella salió caminando, totalmente sana.

La Diferencia

¿Cuál fue la diferencia? Wigglesworth y yo, ambos, tenemos "la medida de fe" (Ro. 12:3). Yo tuve la suficiente fe para tomar al hombre de la mano y levantarlo completamente de la silla de ruedas esperando que caminara. Sin embargo, también tuve incredulidad.

Fui fácilmente influenciado por lo que los demás pensaron, por mi miedo, mi turbación y mi lástima por este hombre.

¿Cómo podéis vosotros creer, pues recibís gloria los unos de los otros, y no buscáis la gloria que viene del Dios único? (Jn. 5:44).

Cuando estás preocupado por verte bien para los demás, esto puede estorbar tu fe. Wigglesworth no tenía más fe de la que yo tenía; él tenía menos... menos incredulidad.

Wigglesworth fue frecuentemente criticado por ser "tan duro." Pegaba, daba puñetazos e incluso pateaba a la gente en ocasiones. Cuando le preguntaban por qué, respondía: "Estoy agarrando al diablo." "¡Y no puedo hacer nada si sus cuerpos estorban!" Una vez lanzó de una patada, desde la plataforma hasta la primera fila, a un bebé que tenía un daño en la cabeza. ¡Pero el bebé fue sanado!

Wigglesworth entendió la diferencia entre compasión santa y lástima humana. Reconoció que la lástima impide que el poder de Dios funcione. Así que era duro e insensible con la incredulidad.

¡Redúcela a Cero!

Como los discípulos de Jesús en Mateo 17, en Omaha yo tenía tanto la fe como la incredulidad operando al mismo tiempo. No es que mi fe o la de ellos no fuera lo suficientemente fuerte. Había demasiada incredulidad contrarrestándola.

Imagínate a dos termómetros para el exterior: uno mide la fe, y el otro la incredulidad. La mayoría de la gente ignora la incredulidad y se concentra en su fe. Si su fe está tres cm más arriba pero aquello por lo que oraron todavía no les ha llegado, piensan que necesitan aumentar su fe otro cm o dos más. Así que continúan con el esfuerzo para incrementarla diciendo: "Dios mío, dame más fe. ¡Necesito más fe!"

El Señor dice: "El problema es tu incredulidad. Sin la incredulidad trabajando en tu contra, tu fe no necesita ser más grande que una semilla de mostaza para ver el trabajo terminado" (Mt. 17:20, paráfrasis mía). En vez de tratar de disparar tu fe por el techo, desconecta tu incredulidad. Redúcela a cero y te darás cuenta de que tu fe es lo suficientemente fuerte para llevar a cabo cualquier cosa que necesites.

La mayoría de los Cristianos no reciben lo que Dios ya les proveyó, por su incredulidad, no por falta de fe. Éstas son dos situaciones opuestas. Si alguien no cree, por supuesto que no va a recibir. La fe es el puente que trae la provisión de Dios del mundo espiritual al mundo físico. La fe debe estar presente, no es mayor problema, no es difícil. Como Cristianos, tenemos la fe sobrenatural de Dios. Sólo que la mayoría de los creyentes todavía no se han dado cuenta de o no han lidiado con, su incredulidad.

¿Qué es la incredulidad? Puede ser el temor, la preocupación, o la inquietud. Si el doctor te dice que vas a morir y empiezas a intentar creerle a Dios confesando: "Jesús, creo que por Tus llagas he sido sanado," pero en tu mente todavía estás preocupado, esto es tener doble ánimo. La gente de doble ánimo no recibirá nada de parte del Señor (Stg. 1:7,8).

Marcos 11:23 dice: *"Porque de cierto os digo que cualquiera que dijere a este monte: quítate y échate en el mar,* y no dudare *en su corazón"* (el énfasis es mío).

No puedes creer, decir y hacer algunas de las cosas correctas y aun así tener un corazón dividido. Para alcanzar los resultados deseados, debes ser de un sólo ánimo y estar enfocado.

"Él No Consideró"

Abraham no se permitió pensar en ninguna cosa contraria a lo que Dios le había dicho. Él era fuerte en la fe porque la promesa fue todo lo que él consideró.

> *El creyó en esperanza contra esperanza, para llegar* [Abraham] *a ser padre de muchas gentes, conforme a lo que se le había dicho: así será tu descendencia. Y no se debilitó en la fe al considerar su cuerpo, que estaba ya como muerto* [siendo de casi cien años], *o la esterilidad de la matriz de Sara.*
>
> Romanos 4:18, 19, corchetes míos.

No puedes ser tentado con ninguna cosa que no pienses. Por lo tanto, para vencer la tentación, la incredulidad, y el fracaso debes comenzar con tus pensamientos. Si tus pensamientos sólo están en Dios, entonces con todo lo que podrías ser tentado sería con creer y confiar en Él. Pero si tus pensamientos están en otra cosa aparte de Dios, entonces podrías ser tentado con eso.

Abraham no consideró—estudió, ponderó, analizó, o examinó—su propio cuerpo ya muerto ni la esterilidad de Sara. Cuando Dios le dijo que Sara concebiría y daría a luz un hijo el próximo año, Abraham no pensó en su edad o en el hecho de que hacía mucho que a Sara se le había pasado el tiempo para concebir. Los pensamientos quizás cruzaron por su mente, pero él no los consideró.

Que un pensamiento contrario ocasionalmente cruce por tu mente no significa que tienes incredulidad. No puedes impedir que el diablo te dé un pensamiento, pero no tienes que conservarlo. Como Kenneth E. Hagin frecuentemente decía: "No puedes evitar que un pájaro vuele sobre tu cabeza, pero puedes evitar que haga un nido ahí." Un pensamiento fugaz no significa que seas incrédulo. Pero cuando lo consideras, entretienes, estudias, deliberas, examinas y ponderas, entonces sí serás tentado.

Bautizados en Incredulidad

Hoy en día la mayoría de la gente, si estuvieran en los zapatos de Abraham fracasarían. Si el Señor se acercara a ellos a sus noventa y nueve años y les dijera: "Tu esposa tendrá un niño el próximo año," se sentirían obligados a ir a buscar a un doctor para que lo confirmara clínicamente. "¿Es esto posible? ¿Alguna vez has escuchado que alguien de cien años tenga un bebé? Por favor, examina a mi esposa. Ella ha dejado de tener sus períodos menstruales. ¿Cómo será posible que ahora tenga un bebé?" Los doctores estarían de acuerdo con su incredulidad diciendo: "No, esto nunca antes ha sucedido. ¡Y tampoco puede suceder hoy!" Después regresarían con Dios en oración y le preguntarían: "¿Señor, realmente Tú dijiste esto?" Él respondería: "¡Sí, lo hice!" Tratarían de creerle después de acumular y analizar todos estos pensamientos adversos. Se preguntarían: "¿Por qué es tan difícil recibir algo de Dios?"

La razón por la que Abraham fue un gran hombre de fe, no fue que tuvo más fe que nosotros. ¡Tuvo menos... menos incredulidad! Este hombre estaba tan disciplinado mentalmente a los noventa y nueve años, que cuando Dios le dijo que tendría un hijo, ni siquiera pensó en, se enfocó a, ni examinó, su propio cuerpo o la esterilidad de la matriz de su esposa. ¡Abraham sólo vio a la promesa de Dios!

La incredulidad llega a través de un proceso mental.

No se necesita una gran cantidad de fe para recibir algo de Dios, sólo una fe pura, simple e infantil. Sin embargo, la mayoría de los Cristianos han sido bautizados en incredulidad. Todavía estamos tan conectados con la negatividad del mundo que es un milagro que nuestra fe haya logrado lo que ha logrado. Recibimos toda la basura de la televisión, del radio y de las películas. Después de someternos a todas estas noticias dañinas, Dios nos dice que Él va a hacer algo en contra de lo que el resto del mundo está experimentando, y nos cuesta trabajo el solo creer. Sabemos que Dios quiere bendecirnos. Lo pedimos y vamos en esa dirección, pero estamos cargados de toda esta incredulidad.

Una Vida Apartada

Cuando era joven, Lester Sumrall visitó una vez a Smith Wigglesworth. Con un periódico enrollado bajo el brazo, tocó a su puerta. Después de presentarse con él, le preguntó: "¿Puedo pasar y visitarlo?" Wigglesworth respondió: "Puede entrar, pero ese periódico debe quedarse afuera de mi casa."

Leer el periódico no es un pecado. Yo lo leo ocasionalmente— una vez cada uno o dos meses. También veo los noticieros de la televisión ocasionalmente. En el carro escucho en la radio el resumen noticioso de dos minutos. Pero, básicamente, esas son las noticias que recibo. No escucho más, porque hay mucha negatividad e incredulidad en esto.

Probablemente Wigglesworth se perdió de una docena o dos de cosas buenas en el periódico durante esos treinta y cinco años o más. Pudo haberlas utilizado en sus mensajes para poder establecerlas como un punto de referencia (así como a veces también yo lo hago). Pero también dejó de recibir cientos de miles de pensamientos negativos y declaraciones que le podían haber producido incredulidad. Para Wigglesworth, ¡no valía la pena el riesgo!

A partir de que Wigglesworth vivió esa vida tan apartada, simplemente no fue tan susceptible a la incredulidad como yo lo fui cuando traté de sacar a aquel hombre de la silla de ruedas. Ahora que Dios me mostró esto, también empecé a vivir una vida más apartada. No veo o escucho cosas que antes acostumbraba. Por esto, algunas personas dicen que mi fe es más fuerte. De hecho, es más pura, ahora no está diluída. Ya no tengo tantos pensamientos de incredulidad como antes, porque dejé de exponerme a cosas que me daban la oportunidad de tenerlos.

El Problema

Jesús le dijo a Sus discípulos: "Su incredulidad es el problema. Si tuvieran la fe del tamaño de un grano de mostaza, esto sería suficiente. Podían haber visto a este muchacho liberado si tan sólo hubieran creído" (Mt. 17:20, paráfrasis mía).

Tomando en cuenta el pasaje paralelo de (Mr. 9:14-29), podemos observar algunas de las razones por las que los discípulos sintieron incredulidad en esa ocasión. El muchacho tuvo un ataque, se cayó y arrojó espuma por la boca. Yo no sé si tú alguna vez has estado con alguien que padezca ataques epilépticos, pero yo sí. ¡Hace que se te ericen los cabellos en la nuca!

Cuando eso sucede, promueve incredulidad, preocupación y temor. Todo es contrario a lo que estás orando. Y, a menos que hayas pasado tiempo luchando contra esta forma de incredulidad, serás vencido por ella.

Esto fue lo que me sucedió cuando saqué a este hombre de la silla de ruedas y no pude ver los resultados esperados. Me preocupé por lo que la audiencia pensaba. Dejé que la incredulidad de otras personas y el temor de su rechazo me intimidaran. Esto obstaculizó mi fe.

La fe estaba presente, pero también la incredulidad. Si me hubiera mantenido firme del modo en que Smith Wigglesworth lo hizo, entonces mi fe tendría que haber obrado de la misma manera en que obró la suya. La diferencia no era nuestra fe, sino nuestra incredulidad. ¡Yo tenía más que Wigglesworth... más incredulidad!

CAPÍTULO 25

Lidia Con Tu Incredulidad

La incredulidad se presenta en tres formas diferentes: la ignorancia, el escepticismo y la natural.

La ignorancia, es cuando alguien desconoce la verdad. A lo mejor no crecieron en la iglesia, o quizás crecieron en una denominación tradicional. Por lo tanto, su idea del Cristianismo está distorcionada. Piensan que los Cristianos sólo están esperando llegar al cielo y que no hay un éxito verdadero para poder experimentarlo en esta vida. Debido a su falta de conocimiento, tienen incredulidad.

Esta clase de incredulidad es relativamente fácil de tratar. ¡Sólo diles la verdad! Si sus corazones están abiertos al Señor, la recibirán. Entonces, la ignorancia se irá y serán capaces de creer en Dios.

El escepticismo se deriva de enseñanzas equivocadas. Alguien les dijo: "Dios ya no sana, ni hace milagros. Todas esas cosas sobrenaturales se acabaron con los apóstoles." Esto va más allá de: "Bien, nunca he escuchado de una persona que haya sido sanada hoy en día" (ignorancia). "Si el hablar en lenguas, la sanidad, o los milagros ocurren hoy, esto proviene del diablo." ¡Ésta es una enseñanza equivocada!

El escepticismo es más difícil de vencer que la ignorancia. Una persona que ha sido educada en forma inadecuada tendrá prejuicios en contra de la verdad. Es mucho más difícil para ellos renovar su mente y recibir.

Tuve que luchar para renovar mi mente a la verdad. Me habían enseñado muchas excusas del por qué Dios no hace milagros hoy en día, que las lenguas eran del diablo y por qué las cosas sobrenaturales del libro de Hechos no ocurren hoy. Aunque éste es difícil de vencer, el antídoto para este segundo tipo de incredulidad es el mismo que el del primero. Tuve que recibir la verdad de La Palabra de Dios prefiriéndola a las tradiciones de los hombres para poder vencer esta incredulidad que recibí a través de una enseñanza equivocada.

Incredulidad Natural

La tercera clase de incredulidad es lo que llamo incredulidad "natural." No es la ignorancia ni una enseñanza errónea sino simplemente una asimilación natural contraria a la verdad. El muchacho endemoniado tuvo un ataque y le salió espuma por la boca. (Mr. 9:14-29, paralelo a Mt. 17:14-21.) Cuando sucede algo como esto, tu mente, tus emociones, tus ojos y tus oídos, todos te van a decir: "El demonio no salió. ¡Mira, no funcionó!" Esto no es maligno necesariamente, sólo natural.

Vas por la vida asimilando información a través de tus ojos, tus oídos y tus sentimientos y tomas decisiones a partir de esto. No estás equivocado, no es maligno; sólo es natural. Si me estuvieras llevando a algún lugar en tu auto, desearía que tuvieras esta "asimilación natural de información".

Ciertamente no me gustaría que estuvieras guiándote "por fe" con tus ojos cerrados. Sin embargo, hay cosas que no puedes percibir sólo con tus cinco sentidos físicos y hay ocasiones en que el Señor te pedirá que des un paso de fe. Es ahí cuando deberás ser capaz de ir más allá de esta clase de incredulidad que proviene de todas las cosas naturales.

Si oras por alguien para que sane, y muere, algún tipo de incredulidad natural vendrá hacia ti. Oraste por él para que estuviera bien, y ahora está muerto. ¿Qué va a pasar? A menos que seas realmente fuerte, naturalmente vas a tener miedo y la incredulidad llegará y te dirá: "Bien, no funcionó. ¿Por qué? Por que no lo puedo ver."

La mayoría de la gente está dominada por sus sentidos físicos. Fue esta clase de incredulidad—incredulidad natural—la que estorbó a los discípulos en Mateo 17. Creían que podían echar fuera a los demonios. Ya lo habían hecho antes. El hecho de que hayan preguntado: "¿Por qué nosotros no pudimos echarlo fuera?" (Mt. 17:19), mostró que tenían fe. La habían ministrado al muchacho, creyendo, pero cuando empezó a convulsionar, se conmovieron aún más por lo que vieron, que por lo que creyeron.

"Este Género"

¿Cómo superas este genero de incredulidad? Al conocer la verdad y renovar tu mente hacia ella, puedes superar tu ignorancia y tu incredulidad. Pero, ¿cómo puedes ir más allá de lo que puedes ver y sentir? ¿Cómo logras llegar al estado donde solamente crees y no permites que el dolor que tu cuerpo siente te convenza de que: "no, esto no funcionó?" Jesús dio la respuesta en Mateo 17:21:

Pero este género [de incredulidad] *no sale sino con oración y ayuno* (los corchetes son míos).

Mucha gente ha mal interpretado este versículo. Piensan que Jesús estaba hablando acerca de "este genero de demonios." Así que inventaron diferentes doctrinas diciendo que ciertos demonios son más fuertes que otros y que sólo pueden ser echados fuera por medio de la oración y del ayuno. Jesús no estaba hablando de esto.

Nunca te enfrentarás a un demonio—incluido el mismo diablo—que no se intimide y huya del nombre de Jesús y de la fe en Su nombre. Tu ayuno y oración no le añaden nada al poder en el nombre de Jesucristo. Si el nombre de Jesús y la fe en Su nombre no derrotan al diablo, tampoco lo harán tus oraciones y tus ayunos.

"La incredulidad es el tema constante en ambos versículos (Mt. 17:20, Reina-Valera Antigua) y (Mt. 17:21, Reina Valera 1960). La frase 'este género', que aparece en el versículo 21, se refiere a la palabra 'incredulidad' del versículo 20, no al demonio del versículo 19". Por tanto, Jesús estaba diciendo que este tipo de incredulidad—incredulidad natural—puede salir solamente con mucha oración y ayuno. El ayuno te ayuda a ti.

"Regresa A Este Cuerpo"

Tu fe es suficiente. Lo sé. He visto a tres personas resucitar de entre los muertos—incluyendo a mi propio hijo. Yo no tenía una "gran" fe. Sólo tenía una fe simple.

Dios me sorprendió la primera vez que oré por alguien para resucitarlo. Estuve orando por meses por un hombre que estaba paralizado de la cintura para abajo. No había podido moverse nunca antes, pero pude ayudarle hasta el punto en que podía mover las piernas, darse la vuelta y hacer cosas. Yo pasaba todos los días por su casa para orar con él y ministrarle. Entonces, una noche, cuando me preparaba para empezar un servicio, el hijo de este hombre llegó y me llamó hacia él. Cuando caminé hacia ahí, me jaló con todo y mi guitarra hacia su auto y nos llevó derecho a casa de sus padres. No se tardó más de un segundo para llegar allí. (Pritchett, Colorado, sólo tenía 144 habitantes en ese tiempo.)

Pensé que simplemente íbamos a ir a orar por su padre, que quizás tenía un ataque al corazón y tenía dolor.

Mientras entraba, el sheriff estaba tratando de sacar su máscara de oxígeno. La esposa del hombre estaba llorando y orando: "¡Dios mío, por favor regresa a Everett de entre los muertos!" Entonces me di cuenta de que el hombre estaba muerto. Puesto que yo ya había invertido mucho tiempo y mucho esfuerzo en este hombre y en su sanidad, el primer pensamiento que vino a mi mente fue: "¡De ninguna manera!" Así que caminé y le dije: "Everett, en el nombre de Jesús, regresa a este cuerpo."—¡BOOM!—¡Se sentó ya sano! (Más tarde, ese día, el doctor lo revisó y confirmó el hecho).

Sólo un poquito de fe es suficiente si no hay nada que la contrarreste. Si tú me hubieras dicho dos días antes que alguien se iba a morir y que lo tenía que resucitar, mi mente habría tenido tiempo para comenzar a pensar. Pensamientos de incredulidad natural me habrían llegado y es muy probable que no lo hubiera visto resucitar. Pero la manera en que sucedió fue un asunto divino. Dios me llevó ahí en mi ignorancia. Oré y no tuve tiempo para no creer en Dios. ¡Es por esto que funcionó!

Oración y Ayuno

Sin embargo, la incredulidad natural normalmente entra por medio de tus sentidos cuando estás orando y algo contrario ocurre. Has sido entrenado para seguir a tus cinco sentidos naturales, lo que puedes ver, probar, escuchar, oler, y sentir. Jesús dijo: "Pero este género no sale sino con oración y ayuno" (Mt. 17:21).

La incredulidad que proviene de tus sentidos físicos no es necesariamente maligna; sólo es natural. Al vivir en este mundo físico, debes considerar lo que tus sentidos te están diciendo.

Un hombre trató de volar un avión "por fe," y yo fuí lo suficientemente tonto como para ir con él. No tardó mucho para que se diera cuenta de que no tenía destreza para volarlo. Así que se enroscó en una posición fetal en el piso y lloró: "¡Mi Dios, vamos a morir, vamos a morir!" Mientras él enloquecía, yo tuve que volar este diminuto avión. Nunca antes había volado un avión. No sabía lo que estaba pasando. Además estábamos en medio de una terrible tormenta. De hecho tuve que volar esa cosa por una hora hasta que el hombre se incorporó y logró que aterrizáramos.

No te recomiendo tratar de volar un avión por fe. Debes tener algún tipo de conocimiento de aviación y ser capaz de utilizar los instrumentos. Necesitas ser capaz de responder a lo que ves y oyes. No hay nada de malo en estos requisitos.

Sin embargo, hay ocasiones en tu vida en que el responder a lo que ves, pruebas, escuchas, hueles y sientes, no realizará la tarea en cuestión. Debes ser capaz de ir más allá de tus sentidos naturales, hacia el mundo espiritual. ¿Cómo haces esto? ¡Por medio del ayuno y la oración!

CAPÍTULO 26

Sensible a Dios

¿Qué es lo que haces cuando te duele el cuerpo, ya oraste, ya creíste, ya recibiste; y actuaste conforme a tu fe para recibir sanidad—pero aun así tienes dolor? Bajo circunstancias normales, has sido entrenado para responder a tu cuerpo. Puesto que todavía te duele lo cual es, contrario a lo que pediste, tus sentidos naturales te han condicionado para que concluyas: "esto no funcionó". ¿Cómo superas esto y recibes la manifestación de la provisión de Dios? ¡Ayunando!

El ayuno vuelve a entrenar a tu cuerpo para que pueda responder a La Palabra de Dios y a tu espíritu nacido de nuevo. Cuando ayunas le estás diciendo a tu cuerpo qué hacer. Estás rompiendo el dominio natural y el control que tu cuerpo ha estado ejerciendo sobre ti. Tu cuerpo no es malo. Sólo que ha sido entrenado incorrectamente. Has estado respondiendo principalmente a lo que puedes ver, probar, oír, oler y sentir.

Esto está bien casi siempre, pero necesitas aprender—por experiencia—que el hombre no sólo vive de pan, sino de toda palabra que procede de la boca de Dios. (Mt. 4:4). Al ayunar le dices a tu cuerpo: "Cuerpo, necesitas entender que el espíritu es más importante que el cuerpo. Hay realidades que no puedes percibir con este cerebro de cacahuate. Para ayudarte a aprender esto, vamos a ayunar. Al no comer o beber de la manera en que normalmente lo hacemos, vamos a reconocer que Dios es nuestra Fuente. En vez de ser guiado por mi apetito y dejar que la comida supla mis necesidades, ¡el Señor y Su Palabra me darán fuerzas!"

Si no lo has entrenado, tu cuerpo se rebelará con esto y tu apetito se alocará. Mucha gente me ha dicho que siente que va a morir en la mitad del primer día de su ayuno. Se sienten débiles, tienen dolor de cabeza y así sucesivamente.

¿Sabías que es un hecho médicamente probado que ayunar un día a la semana es bueno para ti? No te dañará y sí purgará tu cuerpo de toxinas. De hecho, no empiezas a morir físicamente hasta cerca de los cuarenta días de ayuno. Previo a esto la mayor parte del tiempo es tu apetito el que habla, no tu necesidad física. Muchos de nosotros en realidad podríamos vivir por bastante tiempo, quemando la grasa que hemos acumulado.

¿Quién Gobierna a Quién?

Cuando ayunas, tu cuerpo intentará mantener el control. Hará que te sientas así: "No lograré terminar el día" e intentará obligarte a ir en contra de lo que crees que Dios te dijo que hicieras. Tu cuerpo se pondrá en acción y tu conocimiento sensorial—lo que puedes ver, probar, oír, oler, y sentir—tratará de dominarte. Es ahí cuando tendrás que escoger: O dejas que tu mundo físico gobierne, o tú gobiernas a tu reino físico.

Si decides continuar con tu ayuno, le estás diciendo a tu cuerpo, "¡ponte en línea! Necesitas aprender que no te morirás de hambre a la mitad del primer día. Estás siendo entrenado nuevamente para que puedas hacer las cosas que Dios te dice que hagas y suplas tus necesidades a través de Su Palabra".

Tu cuerpo se rebelará y responderá: "¡No, moriré!" Es aquí cuando dices: "Esta bien, aumentaremos a dos días de ayuno." Y tu cuerpo responderá: "¡Dos días! ¡De seguro moriré!" Responderás: "¡Está bien, tres días!" Muy pronto tu cuerpo concluirá. "Si quiero sobrevivir esto, mejor me callo. Cada vez que me quejo, añaden otro día más al ayuno". Con el tiempo, tu cuerpo cederá.

Después de pasar por el dolor inicial de hambre, puedes llegar al lugar donde ya no sientas más hambre. Ya no te molesta. Si haces un ayuno prolongado (lo más que he durado ha sido diez u once días) sin comida ni líquidos—aparte del agua—de hecho puedes llegar al punto en que te parece que jamás necesitarás comer de nuevo. Puedes sujetar tu cuerpo hasta el punto en que Dios literalmente te está ministrando en forma sobrenatural.

Una vez que esto sucede y concluyes tu ayuno, tu cuerpo ya aprendió algo. Ahora sabe que cuando dices: "Por Sus llagas, fui sanado," y aún sientes el dolor, existen realidades que van más allá de su habilidad para detectarlas. Declaras: "¡Estoy sano, ya sea que pueda o todavía no pueda verlo, probarlo, olerlo o sentirlo!" Tu cuerpo responderá: "Está bien," y se someterá.

Pero si nunca has ayunado ni has disciplinado a tu cuerpo, orarás: "Por Sus llagas, yo fui sanado," y tu cuerpo dirá: "Todavía te duele. No estás sano." Responderás: "No, cuerpo, yo estoy sano," y responderá: "¡Un momento! ¿Quién eres tú para contradecirme? Te digo cuándo comas, lo que comas y cuánto comas. Tú no me has dado una instrucción en años. Estás completamente dominado por tus sentidos. ¡No me digas qué hacer!" Tu cuerpo se rebelará y te someterás a la incredulidad natural que percibes por medio de tus sentidos.

El ayuno rompe el dominio de tu mundo natural sobre tu espíritu. ¡La oración también lo hace!

Entrena Tu Cuerpo

Cuando oras, estás hablando y escuchando a alguien que no puedes ver ni sentir físicamente. Tu mente natural y tus sentidos se alocan diciendo: "¡Esto es tonto! ¿Qué estoy haciendo?" Pero si continúas en oración y lo conviertes en una práctica cotidiana, empezarás a ver milagros y otras cosas ocurrirán. Habrá tanta evidencia de que tu tiempo de oración es eficaz y de que Dios, a quien no puedes ver, es real, que eso te aydará a volver a entrenar tus sentidos físicos. Tu cuerpo empezará a reconocer que hay otras cosas además de las que él puede ver, probar, oír, oler y sentir. Después, cuando quieras que tu cuerpo actúe como si estuviera bien aun cuando no se sienta bien, responderá porque sabe que hay otras cosas además de las que los sentidos naturales pueden percibir.

Pero esto no funcionará para una persona que no pasa tiempo en oración y en ayuno. Cuando empiezan a tratar de ordenarle a su cuerpo que actúe en forma contraria a lo que perciben con sus sentidos naturales, éste se rebelará, porque nunca ha sido disciplinado.

Tu cuerpo no es maligno; es natural y tiene que ser entrenado. Sin embargo, nadie más puede hacer esto por ti. Debes entrenarte y ejercitar tus sentidos (He. 5:14).

Quizás no te des cuenta, pero tuviste que entrenarte para someterte a tus sentidos físicos. Cuando fui soldado en la guerra de Vietnam, durante muchas noches tuve guardia en el búnker. Ambos, mi sentido del oído y el del olfato se volvieron mucho más agudos en esos días en condiciones de amenaza de muerte. Normalmente olíamos al enemigo antes de que lo pudiéramos ver. ¡En realidad puedes entrenarte en estas cosas!

Sexto Sentido

Así como tus sentidos naturales pueden ser entrenados dentro del mundo físico, también pueden ser educados en las cosas espirituales. No tienen que permanecer carnales. Pueden ser entrenados para discernir la verdad espiritual. ¡Esto es lo que el ayuno y la oración hacen!

Creo que el Señor creó originalmente al ser humano con seis sentidos. Ese sexto sentido fue la fe. Eva y Adán usaron la fe tanto como usaron los otros cinco sentidos. Cuando el hombre cayó en pecado, nuestro sentido de la fe comenzó a atrofiarse: este proceso continuó hasta llegar a tal grado que hoy muchas personas son totalmente ajenas a este sentido. Pero esta habilidad de caminar por fe existe dentro de todos. Sólo tiene que ser nutrida y entrenada.

Pero el alimento sólido es para los que han alcanzado madurez, para los que por el uso tienen los sentidos ejercitados en el discernimiento del bien y del mal (He. 5:14).

Nuestros sentidos deben ser ejercitados para poder actuar con fe. Esto es lo que el ayuno y la oración hacen. No hacen que Dios te responda mejor. El ayuno y la oración harán que le respondas mejor a Él.

¡Apégate A Esto!

Cuando pasas mucho tiempo en Su presencia, Su Palabra se vuelve como un sexto sentido. Quizá no lo ves, o no lo pruebas, o no lo escuchas, o no lo oyes, o no lo hueles o no sientes lo que Dios te dice, pero tienes fe basada en Su Palabra. Tu mente natural sólo aceptará y dirá: "Esto no es perceptible con los sentidos, sin embargo, esto es fe. Lo reconozco, así es como es." ¡Tú puedes entrenarte de esta manera!

Esto es lo que Smith Wigglesworth hizo. Pasó tanto tiempo en oración, en ayuno y con La Palabra, que se endureció en relación a la incredulidad y a lo que los demás pensaban. Era sensible a Dios y duro con otras cosas. Cuando oraba por alguien y no veía la manifestación de inmediato, simplemente insistía hasta que la veía.

Puesto que el Señor me mostró estas cosas, ahora me apego a esto hasta que veo la manifestación. Si oro y no percibo la manifestación física, simplemente hago que suceda. Sé en mi corazón que Dios ya hizo Su parte. Entiendo que Él ya soltó Su poder. Por lo tanto, no estoy pidiéndole y rogándole que haga algo; con decisión estoy recibiendo lo que ya fue hecho, y estoy firme en contra de Satanás que está estorbando esa manifestación. ¡Estoy utilizando mi autoridad, hablándole a la montaña y ordenando a las cosas que ocurran!

Al ministrarle a otros, hay cosas que puedes hacer para avivar su fe. A veces percibo la incredulidad mientras estoy orando por alguien. A lo mejor no es maldad ni incredulidad, a lo mejor esta persona sólo está dominada por cosas naturales. Si está teniendo dificultad para poder recibir la sanidad de parte de Dios, sólo manifestaré uno de los dones del Espíritu. Entonces, usando una palabra de sabiduría o una palabra de conocimiento, le hablaré de algunas cosas emotivas—tal vez de cómo han sido heridos. A lo mejor de una depresión, o de una aflicción, o de una tragedia que les ha golpeado. Así que usaré este don del Espíritu para hablarles de algo que no esté relacionado totalmente con su sanidad física. Entonces empieza a recibir, diciendo en su corazón: "No me explico cómo él pudo saber esto. Dios me está hablando a mí a través de este hombre." De repente, se sincera y la fe empieza a fluir. Una vez que su fe es avivada, sus corazones dicen: "Sí, esto es Dios. Padre, yo recibo."

Después regreso y le hablo a la sanidad física que no se había manifestado antes. De repente, sanan. Por lo menos he duplicado o triplicado la cantidad de gente que he visto ser sanada al hacer esto. A esto me refiero cuando hablo de "hacer" que suceda.

En Posición Para Recibir

Dios ya hizo todo para sanar a todos. No es cuestión de pedirle al Señor que sane, más bien el asunto es que nosotros recibamos la sanidad que Él ya nos ha dado. Éste es el principio básico, pero hay leyes que gobiernan su funcionamiento. Tienes que hablar. Así que le hablo a las partes específicas del cuerpo de la gente y les ordeno que respondan. Tomo autoridad sobre el diablo. A veces hago cosas para avivar la fe de otras personas. No hago todas estas cosas para manipular a Dios, sino para ayudar a que la gente se mueva hacia una posición para recibir.

Desde que entendí y apliqué estas poderosas verdades, estoy viendo resultados mucho mejores—¡y tú también los verás!

Conclusión

Dios ya hizo Su parte. Su transmisor funciona perfectamente las veinticuatro horas del día. Constantemente está dándonos todo lo que necesitamos.

Nuestro receptor es el problema, no el transmisor de Dios. Debemos aprender a entender al mundo espiritual y a cooperar con fe para traer Su provisión a una manifestación física.

Tenemos que dejar de darle al diablo la gloria y el poder que no tiene ya que ha sido completamente despojado y derrotado. ¡Recuerda el desfile!

Nosotros ya poseemos la fe sobrenatural de Dios. Por lo tanto, nuestro problema no es la falta de fe, sino el exceso de incredulidad. Nuestra semilla de mostaza de fe, sencilla e infantil, es más que suficiente para ver cualquier cosa realizada, si no existe incredulidad que la contrarreste.

Si verdaderamente creemos en La Palabra de Dios y estamos actuando con fe en ella y aun así no vemos los resultados esperados—nueve de cada diez veces es por nuestra incredulidad natural. Por medio de la oración y del ayuno, podemos dominar a nuestros sentidos físicos y empezar a ejercitar nuestro mundo natural para que responda al Señor y a Su Palabra.

¡Esta revelación fundamental ha transformado totalmente mi vida! Confío que esta misma revolución también empiece ahora en ti. Por lo tanto, oro: "Para que el Dios de nuestro Señor Jesucristo, el Padre de gloria, os dé espíritu de sabiduría y de revelación en el conocimiento de Él, alumbrando los ojos de vuestro entendimiento, para que sepáis cuál es la esperanza a que

Él os ha llamado, y cuáles las riquezas de la gloria de su herencia en los santos, y cuál la supereminente grandeza de su poder para con nosotros los que creemos" (Ef. 1:17-19). Amén.

Recibe a Jesús como Tu Salvador

¡Optar por recibir a Jesucristo como tu Señor y Salvador es la decisión más importante que jamás hayas tomado!

La Palabra de Dios promete: "Si confesares con tu boca que Jesús es el Señor, y creyeres en tu corazón que Dios le levantó de los muertos, serás salvo" (Ro. 10:9-10). "Porque todo aquel que invocare el nombre del Señor, será salvo" (Ro. 10:13).

Por Su gracia, Dios ya hizo todo para proveer tu salvación. Tu parte simplemente es creer y recibir.

Ora con voz alta, *"Jesús, confieso que Tú eres mi Señor y mi Salvador. Creo en mi corazón que Dios te levantó de entre los muertos. Con fe en Tu Palabra, recibo ahora la salvación. ¡Gracias por salvarme!"*

En el preciso momento en que entregaste tu vida a Jesucristo, la verdad de Su Palabra instantáneamente se lleva a cabo en tu espíritu. Ahora que naciste de nuevo, ¡hay un Tú completamente nuevo!

Recibe el Espíritu Santo

Como Su hijo que eres, tu amoroso Padre Celestial quiere darte el Poder sobrenatural que necesitas para vivir esta nueva vida.

"Todo aquel que pide, recibe; y el que busca, halla; y al que llama, se le abrirá... ¿cuánto más vuestro Padre celestial dará el Espíritu Santo a los que se lo pidan?" (Lc. 11:10,13).

¡Todo lo que tienes que hacer es pedir, creer y recibir!

Ora: "Padre, reconozco mi necesidad de Tu poder para vivir esta nueva vida. Por favor lléname con Tu Espíritu Santo. Por fe, ¡lo recibo ahora! ¡Gracias por bautizarme! ¡Espíritu Santo, eres bienvenido a mi vida!"

¡Felicidades, ahora estás lleno del poder sobrenatural de Dios! Algunas sílabas de un lenguaje que no reconoces surgirán de tu corazón a tu boca (1 Co. 14:14). Mientras las declaras en voz alta por fe, estás liberando el poder de Dios que está en ti y te estás edificando en el espíritu (1 Co. 14:4). ¡Puedes hacer esto cuando quieras y donde quieras!

Realmente no interesa si sentiste algo o no cuando oraste para recibir al Señor y a Su Espíritu. Si creíste en tu corazón que lo recibiste, entonces la Palabra de Dios te promete que lo hiciste. *"Por tanto, os digo que todo lo que pidiereis orando, creed que lo recibiréis, y os vendrá"* (Mr. 11:24). Dios siempre honra Su Palabra. ¡Créelo!

Por favor, escríbeme y dime si hiciste la oración para recibir a Jesús como tu Salvador o para ser lleno del Espíritu Santo. Me gustaría regocijarme contigo y ayudarte a entender más plenamente lo que ha sucedido en tu vida. Te enviaré un regalo que te ayudará a entender y a crecer en tu nueva relación con el Señor. *"¡Bienvenido a tu nueva vida!"*

Acerca del Autor

Por más de tres décadas, Andrew Wommack ha viajado por los Estados Unidos y por el mundo enseñando la verdad del Evangelio. Su profunda revelación de La Palabra de Dios es enseñada con claridad y simplicidad enfatizando el amor incondicional de Dios y el equilibrio entre la gracia y la fe. Llega a millones de personas a través de sus programas diarios de radio y televisión *La Verdad del Evangelio*, transmitidos nacional e internacionalmente. Fundó la escuela Charis Bible College en 1994 y desde entonces ha establecido extensiones del colegio CBC en varias ciudades principales de América y alrededor del mundo. Andrew ha producido una colección de materiales de enseñanza, disponibles en forma impresa, en formatos de audio y video. Y, como ha sido desde el inicio, su ministerio continúa proporcionando cintas de audio y CDs gratuitos a todos aquellos que no pueden adquirirlos.

Para Contactar a Andrew Wommack por favor escribe, envía un correo electrónico, o llámanos:

Andrew Wommack Ministries, Inc.
P.O. Box 3333 - Colorado Springs, CO 80934-3333
Correo Electrónico: awommack@aol.com
Línea de Ayuda (para solicitud de
materiales y oración):
011-44-192-247-3300
Horas: 5:30 AM a 4:00 PM GMT

O visítalo en la Internet:
www.awmi.net

Otras Enseñanzas
por Andrew Wommack

Espíritu, Alma y Cuerpo

El entender la relación entre tu espíritu, tu alma y tu cuerpo es fundamental para tu vida Cristiana. Nunca sabrás en realidad cuánto te ama Dios o creerás lo que Su Palabra dice sobre ti hasta que lo entiendas. Aprende en este libro cómo se relacionan y cómo ese conocimiento va a liberar la vida de tu espíritu, hacia tu cuerpo y tu alma. Puede inclusive explicarte por qué muchas cosas no están funcionando de la forma que esperabas.

Código del artículo: 701

Título en inglés: *Spirit, Soul and Body*
Código del artículo: 318 ISBN:1-59548-063-3

La Gracia, el Poder del Evangelio

Encuestas recientes indican que la mayoría de los Cristianos, aquellos que aseguran ser renacidos, creen que su salvación depende por lo menos en parte de su comportamiento y de sus acciones. Sí, creen que Jesús murió por su pecado, pero ya que lo han aceptado como su Salvador creen que aún deben cubrir ciertos estándares para ser lo suficientemente "buenos". Si eso es verdad, entonces ¿cuál es el estándar y cómo sabes que ya lo cumpliste? La iglesia ha tratado de contestar estas preguntas por siglos y el resultado siempre ha sido una esclavitud religiosa y legalista. Entonces, ¿cuál es la respuesta? Se debe empezar por hacer la pregunta correcta. No es: "¿Qué debemos hacer?" Más bien: "¿Qué hizo Jesús?" Este libro te ayudará a entender, por medio del libro de Romanos, la revelación del Apóstol Pablo de lo que Jesús hizo; nunca más preguntarás si estás cumpliendo con el estándar.

Código del artículo: 731 ISBN: 978-1-59548-094-1

Título en inglés: *Grace, the Power of the Gospel*
ISBN: 13:978-1-57794-921-3

El Nuevo Tú

Es muy importante entender lo que sucedió cuando recibiste a Jesús como tu Salvador. Es la clave para evitar que la Palabra que fue sembrada en tu corazón sea robada por Satanás. La enseñanza de Andrew provee un fundamento sólido de las Escrituras que te ayudará a entender. La salvación es sólo el inicio. Ahora es tiempo de ser un discípulo (aprender de Él y seguirlo). Jesús enseñó mucho más que sólo el perdón de pecados; Él trajo al hombre a una comunión con el Padre. Desde la perspectiva de Dios, el perdón de los pecados es un medio para alcanzar un objetivo. La verdadera meta es tener comunión con Él y ser más como Jesús.

Código del artículo: 725

Título en inglés:The New You & The Holy Spirit
Código del artículo: 323 ISBN:978-1-59548-105-4

El Espíritu Santo

¡Aprende por qué el bautismo del Espíritu Santo es una necesidad absoluta! Vivir la vida abundante que Jesús proveyó es imposible sin esto. Antes de que los discípulos de Jesús recibieran al Espíritu Santo, eran hombres débiles y temerosos. Pero, cuando fueron bautizados con el Espíritu Santo en El día de Pentecostés, cada uno se volvió un poderoso testigo del poder milagroso de Dios. En Hechos 1:8 Jesús nos dice que el mismo poder está disponible para nosotros.

Código del artículo: 726

Título en inglés: The New You & The Holy Spirit
Código del artículo: 323 ISBN:978-1-59548-105-4